新しい時代に必要となる資質・能力の育成 Ⅳ

「深い学び」へと導く授業事例集

横浜国立大学教育学部附属横浜中学校 編

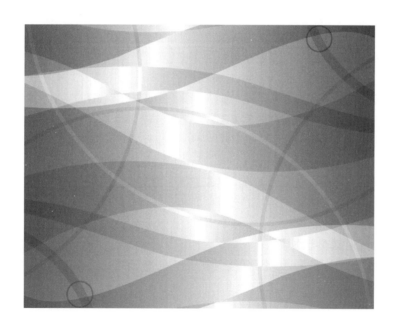

学事出版

はじめに

―生徒と教師が共に創る「深い学び」へのプロセス―

○新しい時代を生きる人材の育成

　目の前にいる子供たちが未来に向かってどう生きていくか，その姿を思うとき，自分の才能や身に付けた専門性を生かして，将来様々な分野で活躍する人材となるよう期待が寄せられます。同時に，自分が生活する日常を大切にし，今いる場所が各地で起こっている様々な出来事と無関係ではなく，自分とのつながりを意識しながら，問題を解決しようと行動できる人材に育ってほしいと願います。その行動が，多様な価値を共有し，豊かで平和な社会を創っていくと考えます。これからの時代を生きる子供たちの資質・能力の育成のために，学校はますます社会に開かれた学びの場であることが求められています。

　本校では平成27年度から今年度までの4年間，新学習指導要領改訂の趣旨を見据えて，『新しい時代に必要となる資質・能力の育成への試み』を主題とする研究に取り組んできました。この間，全国的な研究動向から刺激を受け，また，専門的な立場からの知見を仰ぎながら「資質・能力」について議論を重ねてきました。

　知識・技能は，それがなければオールを持たないボートのようなもので先に進めません。オールを漕ぐ技術を習得しても，波の動きや気象状況を読んで対応できなければ，それは生かされないでしょう。そして一番大事なことは，そのボートでどこに向かって漕ぎ出したいか，辿りつきたい目的地を志向するということです。このように考えると，資質・能力の3つ目の柱である「学びに向かう力，人間性等」の働きは重要であり，それは学びを深め・継続させる原動力，つまり「学ぶ意欲」であると解釈します。この「学ぶ意欲」をどう培うか，日々の授業を通して教師に問われていると言えるでしょう。

○「学ぶ意欲」と「対話する力」

　「学ぶ意欲」は，一人で学ぶよりも仲間と学び合うことで培われるということを，本校の様々な学習活動を通して実感しています。仲間と学び合う中で，疑問をぶつけ合ったり，互いの考えを理解したりすることが大切になりますが，そのためには「対話する力」が必要です。最近ではコミュニケーション能力の一つのあり方を「コミュ力」と言ったりするようですが，「コミュ力」は，相手とほどよい距離感でつながって同調しながらやり取りできる関係で使われます。これに対して「対話する力」は，意見が異なる相手と対等に向き合い，考えを交換しようとする態度や行動を通して育まれ，それは深い理解へと導きます。この「対話する力」は，学習内容や方法を獲得していくだけではなく，自己と他者の関係性や感情，生き方についても認知を促し，それが新たな「学ぶ意欲」へとつながっていくと考えています。本校で取り組んできた言語活動による学び合いの文化は，生徒と生徒，生徒と教師の「対話する力」によって創られているということをあらためて認識させられます。

○「深い学び」へと導くプロセスをどう捉えるか

　「主体的・対話的で深い学び」の視点から授業改善が求められる中，本校では，「学びの深まり」を生徒自身が実感できる授業とはどのような授業であるか，という課題を共有し，今年度の研究副主題を「『深い学び』へと導く授業のあり方」と定めました。学びが深まるためには，自ら問いを立て，その問いを解決しようと思考したり行動したりする中で新たな問いが生まれる，といった自問自答が繰り返されることが必要です。このとき，自ら立てた問いを自分にとってどれだけ価値のあるものにできるか，学びの深まりの鍵はここにあると言えるでしょう。生徒は習得した知識や学習方法をつなげたり，意味付けをしたりして，自己の感情や欲求の変化をともないながらどのように転移（transfer）していくか，教師はこのプロセスを見通して授業をデザインすることが求められます。授業本番で教師は，時にファシリテーターとして生徒の学びを支え，時にライブの共演者のように生徒とセッションし，成功と失敗の経験を積み重ねていきます。

　今年度はこのような課題意識のもと試行錯誤しながら，学びが深まっていくプロセスを生徒が実感できる授業のあり方について，実践と研究を続けてきました。その成果の一端を本書と研究発表会（平成31年2月22日，23日開催）を通して公表させていただきます。どうか忌憚のないご意見を寄せていただきますようお願いいたします。

　今年度も本校の研究推進のために，多くの方々からご指導とご助言をいただきました。文部科学省初等中等教育局の清原洋一主任視学官，國學院大學人間開発学部初等教育学科の田村学教授，慶應義塾大学教職課程センターの鹿毛雅治教授，神奈川県・横浜市・横須賀市・小田原市各教育委員会の指導主事，横浜国立大学教育学部の共同研究者の諸先生方に拙書の巻頭を借りて御礼申しあげます。

　昨今附属学校の存在意義が社会的に問われる中で，本校がこれまで推進してきた教科研究，言語活動，「総合的な学習の時間 TOFY（Time Of Fuzoku Yokohama）」，ICT利活用の実績と課題を，地域の学校の必要感とつながる形でもっと生かしていきたいと考えています。どうかこの点についても皆様からご教示をいただきますようお願いします。

　AIが人間社会をどう変えていくか，このような未来を予測した話題が日々途切れることはありませんが，知識を得る楽しみや学ぶことの喜びは，人間の特性であり豊かさです。その本質を見失うことなく，時代の変化を恐れずに生きていく子供たちの未来に期待したいと思います。

平成31年2月

横浜国立大学教育学部
附属横浜中学校
校長　中嶋　俊夫

目次 CONTENTS

新しい時代に必要となる資質・能力の育成Ⅳ
「深い学び」へと導く授業事例集

はじめに／中嶋俊夫 …………………………… 2

第1部
基本的な考え方（1）
新しい時代に必要となる資質・能力の育成Ⅳ～「深い学び」へと導く授業のあり方～ ………………………… 6

  1　研究主題の設定の主旨／6
  2　今年度の研究経緯／8
  3　成果と今後への課題／11

基本的な考え方（2）
本校の特色ある教育活動と「深い学び」との関わり ………… 17

  1　総合的な学習の時間との関わり／17
  2　道徳教育における試み／20
  3　情報活用能力の育成とICTの利活用／22

基本的な考え方（3）
「プロセス重視の学習指導案」の考え方～平成30年度「プロセス重視の学習指導案」の見方 ………………………… 24

第2部　各教科の実践

国語科 …………… 30	美術科 …………… 84
社会科 …………… 44	保健体育科 ……… 90
数学科 …………… 54	技術・家庭科 …… 100
理　科 …………… 68	英語科 …………… 110
音楽科 …………… 78	学校保健 ………… 124

おわりに／北川公一 …………………………… 126
執筆者一覧 ……………………………………… 127

横浜国立大学教育学部
附属横浜中学校

第1部

基本的な考え方

※本書では、特に断りがない場合、次のように各資料を表記する。

本書での表記	正式名称
『学習指導要領』	文部科学省（2008）「中学校学習指導要領」
『新学習指導要領』	文部科学省（2017）「中学校学習指導要領」
『解説』	文部科学省（2008）「中学校学習指導要領解説○○編」
『新解説』	文部科学省（2017）「中学校学習指導要領解説○○編」
『参考資料』	国立教育政策研究所教育課程研究センター（2011）「評価規準の作成，評価方法の工夫改善のための参考資料（中学校　○○）」
『附属横浜中』（2015）	横浜国立大学教育人間科学部附属横浜中学校（2015）「思考力・判断力・表現力等を育成する指導と評価Ⅴ　『見通す・振り返る』学習活動を重視した授業事例集」，学事出版
『附属横浜中』（2016）	横浜国立大学教育人間科学部附属横浜中学校（2016）「新しい時代に必要となる資質・能力の育成Ⅰ　『知識・技能』の構築をめざす授業事例集」，学事出版
『答申』	中央教育審議会（2016）「幼稚園，小学校，中学校，高等学校及び特別支援学校の学習指導要領等の改善及び必要な方策等について（答申）」
『附属横浜中』（2017）	横浜国立大学教育人間科学部附属横浜中学校（2017）「新しい時代に必要となる資質・能力の育成Ⅱ　『学びの自覚』を促す授業事例集」，学事出版
『附属横浜中』（2018）	横浜国立大学教育学部附属横浜中学校（2018）「新しい時代に必要となる資質・能力の育成Ⅲ　『学びをつなぐ・ひらく』カリキュラム・デザイン」，学事出版

| 第1部 | 基本的な考え方 | 1 |

新しい時代に必要となる資質・能力の育成Ⅳ
～「深い学び」へと導く授業のあり方～

1　研究主題の設定の主旨

(1)『新学習指導要領』が示す方向性

　これからの時代は，様々な状況に対し，価値観や感覚の異なる他者とコンセンサスを図りながら，相対する事象・事物の特質に応じたものの見方や考え方を働かせて，最良の方法を導き出して対応していくことが求められる。『新学習指導要領』では，そのような社会に生きて働く資質・能力の育成を，学校教育を通じて目指すことが示されている。これには，生徒自身が身に付けたものを自分の「引き出し」に入れる価値があると感じるような「実体験」を，学校教育において，計画的かつ効果的に行っていくことが必要ではないかと，本校としては捉えている。

　『答申』において資質・能力は，「教育課程において明確化し育んでいくこと」(p.20)が目指されており，「必要な資質・能力が確実に育まれるように議論し，それを教育課程の枠組みの中で実現できるようにしていくこと」(p.27)が求められている。この実現には，教師が育成したい資質・能力を明確にイメージするだけではなく，生徒自身も，今ここでの学びがこれからの自分の人生を豊かにするものであると実感し，身に付けた資質・能力の価値を見いだし理解することが必要である。そのために教師は，資質・能力は各教科等の学びの中で育んでいくものでありながらも，複合的な力であることを理解し，教科等横断的な視点からも育成を図っていかなければならない。そして，育まれた資質・能力の有用性や価値を生徒に実感させるためには，「主体的・対話的で深い学び」の中核である「どのように学ぶか」の視点を意識した授業改善が重要となってくる。今回の改訂では，学校教育を通じて育むべき資質・能力が三つの柱で整理され，またその育成に対し有効に作用する各教科での「見方・考え方」が，改めて明示された。

(2) 本校の研究の歩み

　本校では，今回の改訂への流れを機に，コンピテンシー・ベースの学びにより一層の焦点を当て，その価値や意義を見いだそうと，「新しい時代に必要となる資質・能力の育成への試み」を主題とした研究活動に取り組んできており，今年度は4年目を迎えた。ここまでの3年間で，新しい時代の学力観に基づく「知識・技能」の考え方やその指導の方向性を提案し，課題に対して試行錯誤する中で育まれる質的な学力をどう評価するのかをまとめ，生徒たちの学びの経験が有機的に関連付いていくためのカリキュラムとはどのようなものかを整理してきた。その中で，生徒に学びの必然性や価値を感じさせる課題を提示し，解決しようとそのプロセスを試行錯誤しながら実体験させることが，教科等横断的な視点に気付かせつつ，今までの学びの経験を自然に「つなぐ」姿の創出につながることが確認できた。また，その体験から身に付けた視点や考え方が，様々な課題を解決していく際に有効に働き，これからに「ひらく」ものであることを自覚し

ている姿も多く目にすることができた。

『新学習指導要領』が示す「主体的・対話的で深い学び」の視点に立った授業改善についても，結果だけではなく過程にも目を向けて「見通す・振り返る」主体的な活動や，他者との関わりから自らの考えをより妥当なものへ高めたり，そこでの学びを価値付けたりする対話的な活動が，本校ではスタンダードなものとして定着している。しかしその反面，「深い学び」に関しては，前の二つに比べれば具体的な生徒の姿がイメージしにくく，それゆえどの程度達成することができているかが，見極めづらい部分があったと感じている。

（3）今年度の研究副主題の設定

そもそも「深い学び」とは何か。何をもって「深い」と定義付けられるのだろうか。「深い」とは，明確な基準が定まっているものではなく，それゆえ数値や状態で判別がつくものでもない。それを「実現させる」ためには，「深い」をどのように解釈し，どのようなことを実践し，どうやってその深さを価値付けていくべきか，整理する必要がある。

「深い学び」に関しては，『答申』で以下のように記されている（p.50）。

> 習得・活用・探究という学びの過程の中で，各教科等の特質に応じた「見方・考え方」を働かせながら，知識を相互に関連付けてより深く理解したり，情報を精査して考えを形成したり，問題を見いだして解決策を考えたり，思いや考えを基に創造したりすることに向かう「深い学び」が実現されているか。

また，各教科等で明示された「見方・考え方」は『答申』において，「"どのような視点で物事を捉え，どのような考え方で思考していくのか"という，物事を捉える視点や考え方」であり，「各教科等の学習の中で働くだけではなく，大人になって生活していくに当たっても重要な働きをするもの」（p.33）と定義され，各教科等に特質があり，学ぶ上での本質的な意義の中核をなすものと位置付けられている。

本校が考える「深い学び」を実現している生徒の姿とは，例えばオープンエンドな課題に直面したとき，様々な教科等で働かせてきた「見方・考え方」を組み合わせたり関連付けたりする等，自在に駆使して自分なりの納得解・最適解を導き出せるような姿である。これを実現するにあたっては，各教科等での学びの中で「見方・考え方」を働かせて探究したり創造したりする体験を充実させることが必要である。また「挑戦的な評価課題[1]」や「総合的な学習の時間（＝本校での呼称『TOFY』）」等で複合的な問いと向き合い，実際にどのような「見方・考え方」が働いたのかを実感する機会を多く与えることも，働いた「見方・考え方」をより洗練させていくことに欠かせない。このように，各教科等での本質に迫った課題へのアプローチや，教科等を横断

---

1 本校では「パフォーマンス課題」を「挑戦的な評価課題」と表現している。昨年度，本校の研修会講師に招いた八田幸恵氏（大阪教育大学）は，「ある特定の方法を連想させることを避け，広義に解釈をする意図から，そのような表現を用いる」と説明している。それは，「評価」とは思考に寄り添いそれを解釈する行為，と位置付けている本校のここまでの研究成果と合致する部分でもある（『附属横浜中』（2018））。

した視点・思考を要する場面での取組が，生徒の中で主体的・対話的な過程を促し，おのずと深い学びの実感につながるのではないかと考えられる。そのためには，「学びの深まり」を生徒自身が実感できるような授業とはそもそもどのような授業であるべきか，そしてそのような授業はどのような視点で構想をするべきか，「授業観」を見直すことが不可欠である。

そこで今年度は研究副主題を「『深い学び』へと導く授業のあり方」と設定し，
- 教科の本質に迫る「問い」に対し，各教科特有の「見方・考え方」を働かせながら追究させる学びを構想・実践していくことで，生徒の中に学びの深まりを実感させることができる。
- 各教科特有の「見方・考え方」を，「挑戦的な評価課題」やTOFY等で教科の枠を越えて自由自在に働かせることで，各教科等で構築した「知識・技能」を，より汎用性の高いものとして実感させることができる。

と仮説を立て，その検証を行うことで成果と課題を明らかにすることを研究の目的とした。

2 今年度の研究経緯
(1)「深い学び」とはどのような「学び」なのか

一昨年，本校は「『学びの自覚』につながる指導の工夫」という研究副主題で，生徒自身が自らの学びをきちんと価値付けられるように，我々教師はどのように解釈し寄り添うべきなのかを追究した（『附属横浜中』(2017)）。その研究の中で，「やってみたい」「これをクリアすることで自分の生き方やこれからが豊かになる」と感じられるような文脈こそが意欲の高まりに必要であり，それが「没頭」へとつながるという知見を得ていた。これこそが「深い学び」への入り口ではないかと感じ，今年度も一昨年に引き続き，慶應義塾大学教職課程センター教授の鹿毛雅治氏を講師として招聘し，校内研修会を行った。

「深い学び」を解釈するにあたって，教育心理学を専門とする鹿毛氏は「その授業に『深い学び』が存在するのではなく，『学びの深まるプロセス』が存在する」のだと指摘する。学校教育のあり方として，「答えを学ぶ」ことから「問うことを学ぶ」ことへの転換が求められている今，重要なポイントとして鹿毛氏は生徒自身の「自問」（自ら問いを持つこと）を挙げる。「自問」という心理的活動が主体的に生じることで，「思考」が始まり，「没頭」というプロセスを経て，「認識」が深まっていく。それゆえ，教師の「発問」が生徒にとって「自問」するに値するものとなっているか，教師から与えられただけの「他問」の状態のままになっていないか等，生徒自身に問いが生まれる場をどのように創り出すかが，授業づくりの中での根源的な課題であると鹿毛氏は捉える。

> 子どもたちが自問自答する授業では，課題に真摯に向かい合い，学びへと向かう真剣な表情や学びを楽しむ柔らかな表情がダイナミックに表れる。それは自ら問い，答えを探究するプロセスそのものである。自分の中に気づきが生じて派生的な問いが生まれたり，そこで生じた派生的な気づきを他の気づきとつなげて判断したり，結論を導き出したりする学びを深める姿なのである。（鹿毛，2017，p.20）

鹿毛氏は，「自問自答する授業」を上記のように表している。これから分かることは，その生徒自身にとっての「学びが深まる」プロセスを体験させること，「学び」に没頭する心理状態に

もっていくことが教師の役割であるということである。そして，授業という多様な他者が混在し，ダイナミックな相互コミュニケーションが展開される「場の教育力」を生かし，「他問自答」「自問他答」「他問他答」と様々な対話が連鎖的に派生していくことによって，多様な見方が生み出され，「複眼的にみる」という思考の深まりが担保されることを，教師は押さえておかなければならないと鹿毛氏は述べる。

　また鹿毛氏は，筋道を立てて物事を考え判断する「理性」と，共感やワクワク感などの無意識的に働く「感性」が両輪となってこそ学びが深まると考える。生徒は挑戦したくなる体験が目の前に準備されれば，「学びたい」「伝えたい」「聴きたい」等のポジティブ感情が自然と湧き上がり，知情意の一体化が促され，理性と感性が総合的に働くエンゲージメント状態（「今，ここ」での心理的没頭状態）が生まれる。そのような状態を繰り返し体験していくことで，より深く考える心理的習慣が身に付き，それが学びの質の向上へとつながり，深く学ぶ礎となるのだと，鹿毛氏は図1を用いて説明をしている。そのようなエンゲージメント状態は，教師が「直接指導」に終始していては実現できない状態であり，生徒自身が主体的に学びと向き合えるように，「間接指導」を意図的に行っていくことが求められる。つまり，授業を「コミュニケーションしたくなる場」として整備し，生徒の学びに介入し促進させる「ファシリテーター」としての役割や，生徒を学びにひきこむための場づくりや仕掛けづくりを行う「コーディネーター」としての役割を，教師が担う部分であると理解しなければならない。鹿毛氏はこの「間接指導」において，「可視化」「共有化」「焦点化」の3つの視点が重要であり，そこに教師の持ち味が発揮されると述べている。

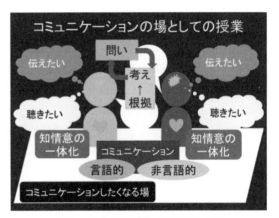

図1　本校2018年度校内研修会資料

- ●「可視化」…『どうしてそう思ったの？』等，その生徒の内面をアウトプットさせ，自身の考えや思いがどのようなものであるか客観的に自覚させる。
- ●「共有化」…『○○さんが何で悩んでいるかわかる？』等，生徒の学びのプロセスで生じた考えのズレや誤解等を整理して，考えていることや思っていることをつなげる。
- ●「焦点化」…『それによって××はどうなったの？』等，授業における「ねらい」を達成するための「手がかり」に光を当て，学びどころを意識させる。

　研修会を通して学んだことは，どのような「過程」を経て生徒の学びが深まっていくのかを，教師が「見通し」をもって授業を構想することの重要性である。生徒自身が自分の言葉で綴ることや語ることを望んで取り組めるように，3つの視点をバランスよく組み合わせた授業構成や，その場の状況や環境を整備し実際に語る機会を確保することが，生徒の思考の促進や深まりには欠かせない。そのためには，生徒に「自問」や「没頭状態」が生まれるような仕掛けや準備をどのように行っていくべきか，吟味と検討を重ねて教材研究の質的向上を図っていくことが必須で

あることを全体で共有した。

（2）「深い学び」へと導く授業のあり方

今年度の研究副主題に基づく最初の授業研究は，3年生の理科の授業をモデルとして行った。授業内容は「地震発生!!身近にあるもので電源を確保せよ」という課題から，家庭にあるものを用いて，より効率的に大きな電圧を発生させる化学電池の作製を目指し，各班で実験を重ねて検証し，最初に立てた仮説が妥当かどうか吟味して，必要に応じて仮説を練り直すというものであった。特に実験方法の見直しを図る際，使用するものを変えるべきか，量や濃度を変えるべきか，触れる面積を増やすべきか等，よりよい結果を目指

図2　授業研究の様子

し多様な視点で意見交換を行う姿は，この課題に「没頭」し，科学的に深く追究しようという意欲にあふれていた（指導案は，本書籍 pp.25-28 に掲載）。

授業後の研究討議では，提案授業から明らかになったことを共有し，「深い学び」へと導く授業は，以下の4つの視点を意識して構想すべきであることや，そして各項目において，どのような視点や工夫，仕掛け等が重要となるのかを整理した。

① 【知識・技能の構築】…「深い学び」へ向かうことを可能にする「知識・技能」をどう習得させるか
- 教科内での「縦」のつながり，他教科との「横」のつながりを意識した単元構成の中で，既習事項を繰り返し使ったり表現したりする「機能的習熟（習得）」を図っていくことで，身に付けた知識・技能がより本物の「使いこなせるもの」として構築される（『附属横浜中』(2016) p.14）。
- 単元の終末等に取り組む「挑戦的な評価課題」は，教科としての本質を突き詰めた課題として示され，これまでの学びを組み合わせたり関連付けたりして取り組むものであることが求められる。それによって，コンテンツ・ベースの知識や技能の習得の確認や，既習事項の整理や考え方の洗練が促され，教科の枠を越えて活用できる知識・技能が構造化される。

② 【実践場面の設定】…「深い学び」を実現させるために，「自問」「自答」をどのように組み込むか
- 各教科等の特質に応じた「見方・考え方」に違いがある以上，「深い学び」への誘い方も各教科に応じたものであって構わない。
- より現実的な場面の設定や，体験を通して自らの中に問いが生み出されるような工夫が必要であるが，あくまで「自問が没頭を生み出す」ことを念頭に置き，問いを「与える」のではなく，「誘う」ような仕掛けでなければならない。そのためには，教師は生徒の課題に対する理解の度合や伝わり具合に注意を払い，課題を吟味する場面を確保することが必要とな

る。
- 定まった「答え」のない問いを追究させる方が，生徒自らの多様な発想を生かしやすく，資質・能力の育成に向いている。話し合いや合意によって自ら「納得解・最適解」を見いだしていく過程こそ，資質・能力の育成が促進される。

③【見通し・振り返りの視点】…生徒自身に「深い学び」が実感されるように，自分自身の学びをどうメタ認知させるか
- しっかりと熟考したり自分自身を俯瞰して見たりするような場面や，他者との関わりの中で揺さぶられて再考をしたりする等の過程が重要となる。このように，過程に目を向けた「見通す・振り返る」活動を，ある1回の授業のみではなく，単元内，年間，そして3年間の中で，貫き，そして繰り返し，取り組むような単元構造・授業デザインでなければならない（『附属横浜中（2015）』）。
- 「得たこと」をもとに「良くなったこと」や「まだ改善が必要なこと」等，自らの中に生まれた変化や過程の中で芽生えた違和感等に気付かせたい。そのためには，教科の特性にもよるが，練り直した仮説が妥当だったかを再度吟味させるような，一度振り返った自らの思考を再び「見直す」こと等が，適切な方法のひとつと考える。

④【教科の本質】…「見方・考え方」を働かせる場面をどのように配置し，どう働いたのかをどのように意識化させるか
- 教師はファシリテーターとして，「どのような視点からの捉え方が解決へつながったのか」「他に有効な手立てはあるか」等を生徒へ「徹底的」に問うことで，ここまでの足跡や思考を整理させ，次の手立てを共に考え視野を広げてあげる存在である。
- 本課題で有効に働く「見方・考え方」を最初に確認して意識させるか，解決過程でその都度意識させるか，または振り返りのやり取りや記述の中で意識させるか，教科の特性や課題の特性に応じて，柔軟に対応することが求められる。

　この整理から明らかになったことは，「深い学びへと導く授業のあり方」は，昨年度までの本校の研究の延長線上に位置付くものであり，多くの部分で共通する部分があるということである。本校ではこれまで，教科の本質を的確に把握してデザインされたカリキュラムの下，どのように「知識・技能」を構築させ，そしてその学びをどう自覚させていくかを問い続けてきた。その研究があってこそ，「自問」や「没頭状態」が生まれ，「深い学び」の扉が開かれるのだと言い換えることができる。

3　成果と今後への課題
（1）実践から明らかになった授業のあり方
　生徒にとって学びを深められる授業とはどうあるべきか，上記①～④の視点で整理して構想を行い，実践を重ねた。その結果，多くの教員が語っていたのは，「学びを『深める』のは生徒自身であり，教師ができるのは，その『きっかけづくり』だ」ということである。以下［1］～［6］は，その授業のあり方を整理したものである。

[１] 授業を構想する

　元来，授業構想や教材研究とは，「生徒に何を学ばせたいのか」「生徒に身に付けさせたい力は何か」等の視点を基に，教師がそのための教材・教具を準備し，どのような課題でアプローチを図るべきかを考えるところから始まる。しかし，学びの深まりを生徒自身が感じられるような授業の構想は，そこで学び得たものや身に付けたものが，今後の自分にどのような働きを生み出すのか，これからの「可能性」を味わえるところまで導いていくことを念頭に置いて行わなければならない。

[２] 課題を設定する

　生徒が主体的に向き合う価値のある題材や課題の選定が重要となる。その際，「ゴールまで一定の距離をもつ」課題を設定することが望ましい。「ゴール」のイメージをもつことは大切ではあるが，そこまでの過程が容易に想像できてしまう課題では，「自問」は生まれず，「見方・考え方」にも意識が向かない。また「見方・考え方」をどう働かせるか，どのように働いたのかを生徒自身が実感できなければ，その良さを自覚したり別の機会で働かせたりすることは難しい。教師が単元や授業の冒頭，もしくは働かせるべき瞬間等で，見本となって示したり，生徒に何度も問い直しを行ったりすることで，「見方・考え方」は実感の伴うものとなり，意識的に働かせられる素地が養われていく。

　また学年に応じて学習課題の難易度を精選することも重要である。応用的な課題はその内容が高度化されるほど，課題に対する理解度も，学年が低いほど当然不十分になる。例えば１年生に過度に高度な技術や視点を要する課題を提示したところで，課題を理解し，その本質を捉えさせることは非常に難しい。ゆえに，発達段階や学習時期に応じて，授業のねらいを多く設定しすぎずに，焦点化するべきであろう。また課題が複雑すぎると，どのようなことを身に付けさせたいのか，教師側も見失ってしまう恐れも否定できない。教師は，「どのような課題に挑戦させることが可能か」「どのように問うことが生徒の現状にフィットするか」「生徒の学びを促進させる適切な声かけはどのようなものか」等，生徒のここまでの成長の様子を把握した上で授業構想や課題の吟味をしていかなければならない。

[３] 「問い」を生み出す

　試行錯誤の過程で他者との交流や関わりをもち，新たな問いや視点に気付き，個の変容を自覚することで，「深まり」を見いだす生徒の姿を多く見取ることができた。これには，実生活と密接に関わった「自分自身に直結する課題」が，「問い」の自然な創出や，協働学習の活性化を促し，効果的である。合わせて，授業で使用するワークシート等も，学びが積み重なったり深まったりしていく様を生徒自身が自由にデザインし，自覚させやすくするために，あえて多くの枠を設けずに，設問の記載を必要最低限にとどめることも重要となる。教師は，授業から何を学び得てほしいのかという「願い」を当然もって授業を行うが，与え過ぎてしまえば「誘導」になりかねない。その「程度」を見極めて，準備することが教師の力量として問われる部分でもあるだろう。

[4] 学びの深まりを自覚させる

　課題として見えたのは，生徒にその「深まり」をどう自覚させられるかという点である。「教科の本質」を追究し，教科特有の「見方・考え方」をどう働かせていくかにこだわって単元や授業を構想していくほど，生徒自身に授業の展開を委ねる場面が多くなっていく。生徒の「自問」や他者からの「他問」を軸にした授業は，あらかじめ予想していた生徒の反応を大きく上回ることも，また大きく方向が転回することも，どちらも起こりうる。その瞬間の生徒の気付きやつぶやきに耳を傾け，生徒たちが見いだしたものをどう板書や声かけ等で可視化や焦点化させられるかで，その後の生徒の思考が深まるか，思考が拡散しすぎて深まりが遮られてしまうかが大きく変わってくる。

[5] 学びの深まりを価値付ける

　生徒個々の学びの「深まり」を教師がどのように意味付け，価値付けるかという点も重要である。「『深まった』瞬間がいつか」「何が『深まった』のか」等は，生徒個々によって大きく異なる。よって，「こういう発言や記述があったから深まった」という，ある一定の基準で深まり度を測るのではなく，その生徒の中でどう疑問が生まれ，どのように疑問と向き合い，どうやって疑問の解決を図ったのか，その生徒の目線に沿って解釈し，その生徒に合った言葉で価値付けることが必要となる。明確な数値や態度で「深まり」を定義できない以上，教師ができることはその生徒の中に「深まり」が生まれるように促したり，生まれるための種を植えたりすることであろう。そしてそれは，「学びに向かう力，人間性等」をどう育み見取っていくか，ということにも通じることだと本校としては捉えている。

[6] 生徒とともに授業をつくる

　生徒自身が学びの深まりを実感できるような授業を実践するには，教師自身もその学びと主体的に関わり，生徒とともに授業をつくり上げていく一人である自覚が求められる。仮に，扱う課題は各クラス共通のものであっても，その示し方や問い方は必ずしも一律で行わなければいけないわけではない。むしろ，クラスの雰囲気や課題への興味の示し具合に応じて，より生徒に合致する方法を即興的に探り実行に移していくべきである。そのため，教師は「どのような反応をするだろうか」「どこに疑問をもつだろうか」等，そのときの生徒の様子を豊かに想像し，シミュレーションを重ねておく必要がある。ただし，教師の予想を超える反応や考えが生徒から示されることも十分想定されることであり，それを念頭に置いて，時間と労力をかけて授業構想や教材研究にこだわって取り組むべきであろう。その瞬間の生徒の生の声に耳を傾け，生の反応を生かし，教師と生徒が呼応しながら授業をつくり上げていくことこそ，「深い学び」の実現には欠かせない要素である。

(2) 総合的な学習の時間（TOFY）と「深い学び」

　本校の特色ある教育活動の一つに，「総合的な学習の時間」における探究的学習活動「TOFY」（= Time Of Fuzoku Yokohama）がある。教科学習の取組，学校生活や日常生活全体の中で関心をもったことを基に，生徒が各々でテーマを設定し，その内容に応じて「人文・社会科学講座」

「科学技術講座」「健康科学講座」「芸術講座」の４つに分かれて，調査，実験，創作等を重ね，その中で考察を深め，新たな提言へとつなげていく活動である。各教科単独での取組が難しい様々な現代的な課題に対し，主体的に向き合い，探究的に学べる機会となるこのTOFY活動では，「自ら見いだした課題について，見通しをもって多面的・多角的に考え調べる力」「得られた根拠を基に，自らの考えを提言したり，思いを工夫して表現をしたりする力」「調べたり提言したり表現することを通して，自己の生き方について考える力」を，「身に付けたい力」として生徒たちに意識させて，取り組ませている。

　これらの力は，各教科の中で，そして教科等横断的な視点で育んできた資質・能力そのものと言える。つまりTOFY活動は，自ら掲げた研究課題に対して，各教科で働かせてきた「見方・考え方」や身に付けてきた汎用的なスキルを，自在に駆使したり統合したりして徹底的に追究していく活動であり，それらを実社会やこれからの人生に活用させていく上での「練習の場」となる。

　１年次は，「TOFY基礎」と位置付け，探究学習を一人で行っていけるように，「コミュニケーション」「レポート」「プレゼンテーション」の３つのスキルの習得を目指し，授業を行っている。ここで培われる力は，単に今後のTOFY活動に生かせるものではなく，各教科での学びと密接にリンクしてくる。例えば「コミュニケーション」の授業では，自分の話し方や聞き方等を分析していく中で，国語科で学びを深めていくときに重要な「相手意識」の視点が，自然と育まれていく。また「レポート」の授業では，生徒各々が作成してきたレポートを品評し合うことで，「批判的思考」を働かせたり，「プレゼンテーション」の授業で，根拠を基に情報を整理し実際の発表へとつなげていく際に，「論理的な表現」を構築したり等，様々な汎用的なスキルの育成が図られていく。

　２・３年次は，各教科等で学んだ個別の知識・技能や教科等横断的な汎用的スキルを組み合わせたり関連付けたりして，自ら見いだした課題の中で活用していく。生徒は課題解決の為に，様々な文献に当たったり，実験や製作，インタビューやアンケート調査等を行ったりするが，単なる「調べ学習」や「データ集計」に終始しないように，「受信→思考→発信」のプロセスの連続を意識して探究させている。それはすなわち，「自問自答」を繰り返すことで，研究内容はより上質なものへと変わるということを意味している。

　生徒に学びの深まりを実感させられる授業のあり方を見直し，教科の授業を実践していく中で，教員に「TOFYとのつながりは生徒の中で実感されたと思うか」という質問をしたところ，以下のような回答が返ってきた。
- 課題を解決するために，あらゆる情報を集めて整理し，それを適切な言葉で表現しようとする流れは，まさにTOFYに直結する（多くの教科にて共通）。
- 合理的な解決に向けて検証や分析をどう工夫していくべきかを考える活動は，TOFYでの探究活動とつながっている（社会）。
- 「スピーチ」や「プレゼン」と，「語り」との違いを教科の中で考えさせることで，改めて「プレゼン」の特性や目的等を理解させ考える機会とすることができた（国語）。
- 単元を通して取り組んだ「検証タイム」で，「比較→考察→結論付ける」流れを身に付けることができ，他者と協働をしつつではあるが，実感につなげられた（保健体育）。

また TOFY を終えた生徒に以下の4つの質問を行い、自らの活動を振り返ってもらった。

> ①自身の研究を進めていく上で、一番苦労したことを教えて下さい。
> ②研究を上手に進めていくための、あなたなりの工夫を教えて下さい。
> ③ズバリ、TOFY を通じて身に付いた力とは、どのようなものですか。
> ④あなたの研究活動の中で、役立った各教科での「見方・考え方」を挙げて下さい。

以下は、2人の生徒の回答である。

生徒Aの回答
①限られた時間をどう使って研究を進めるか、考えるのが難しかったです。研究の初めに大まかな予定は立てたものの、進めていく中でどんどんやりたいことが増えたり、私の場合は他の人に実験に協力してもらうことが多かったので、他の人の予定とも合わせたりするのが大変でした。
②「今自分は、何を明らかにするために、何をしているのか」を考えるようにしていました。研究をしていると自分が今何のために何をしているのか分からなくなってしまう危うさがあります。その時に「今私がやっていることは、研究の過程のどこに該当し、どこにつながるのか」を、紙に書いて視覚的に整理するなどして、一度立ち止まって確認することで、何をするべきかを明確にしました。
③「視点を変えて考える力」です。文献から分かったことや実験のデータは、求めていたものと違うこともありました。その時に「目的とは外れているからいいや」と捨てるのではなく、「こういう風に考えると、研究のここにつながってくるな」など、視点を変えて考えたことで、研究の幅が広がったと思います。
④実験のデータや資料から分かったことを読み取る際に「社会」の資料を読み取る力、文献から研究に必要な情報を取捨選択する際に「国語」のメディア・リテラシー、集めた情報を自分の言葉でわかりやすく伝える際に「社会」「国語」の表現する力が役立ち、対照実験から目的を明らかにする技法を「理科」の実験から得ることができました。

生徒Bの回答
①途中、自分の思うように研究が進まなかったことです。思い通りに進まないことがあるのは当然かもしれませんが、一度つまずくとその先が進めづらく、失敗したときのことを考えておけば良かったと後悔しました。でも失敗したおかげで、別の視点から見ることや、新しい発見をすることができました。
②テーマが、自分の知っている情報だけでは済まない大きいものだったので、とにかく集められる情報はたくさん集め、色々な視点から研究を進めることを心がけました。また、ただ情報を集めるだけの受け身にならないよう、実験したり施設訪問したりして、独自の情報を得られるよう努力しました。
③「たくさんの情報の中から正しい情報を選択する力」「課題を自分で見つけて自分で解決する力」「人との関わり、コミュニケーション能力」が身に付いたと思います。
④昨年度、国語でメディア・リテラシーについて学習し、これは文献調査を進める上で非常に役立ちました。また英語で書かれた本を読んだので、英語での学び（外国特有の視点）も役立ちまし

た。また社会や数学での，グラフの読み取りや作成（どのようなグラフの示し方が最も要点を伝えやすいか）も役立ちました。理科での実験の進め方や視点も有効に働いたと思います。

　このようにTOFY活動は，各教科での学びが有機的に結び付くことで，各教科の学びがどこまで深まっているかが実感できる学習活動の場であると言える。また，各教科で無意識的に身に付けていた力を改めて自覚できる場でもある。しかし，各教科での学びが一方的にTOFYへつながるわけではない。理科の教員は「理科で普段から行っている探究の手法はTOFYで磨くことができるが，その成果を再び理科の中で発揮することで，より精度を高めた探究が行える」と述べている。これから分かるように，TOFYでの経験や学びも，各教科でのそれからの学びに生きていくと言えるだろう。このように，様々な学びで育んできた資質・能力や働かせてきた「見方・考え方」を高められる場を確保することで，各教科の学びに自然と往還関係が生まれ，より高次なものとして確立されていく。しかしそのためには，その探究活動に携わる教師が，どのような視点や考え方がその生徒の研究にとって最適なのかを，答えを与えて解決の道を準備するのではなく，寄り添って一緒に考え解決の道を探っていく存在であり続けることが必要である。

（3）教師（授業者）自身の学びはどうあるべきか

　研究副主題に沿った実践を終えた本校の教員に「『授業者』とは『ファシリテーター』『コーディネーター』とともに，どうあるべきか」という問いを投げかけたところ，「ナビゲーター」「ペースメーカー」「オブザーバー」等，様々な表現が挙がった。我々教師は，あるときは生徒の進む道筋を示し，またあるときは生徒の背中を押す存在であるべきであり，生徒が一人で，または他者と協働して，道を切り開いていく姿を見ることに，最高のやりがいと充実感を得ている。しかしその姿を数多く生み出していくには，やはり我々教師が「目の前の生徒たちにとって，最良の授業とはどのようなものか」という「自問」のもと，同教科の教師や同じ学年を担当する教師からの「他答」に耳を傾けながら，授業研究に「没頭」し，「自答」を導き出していくことが不可欠である。そしてその「自答」が妥当なものであったか，自分の授業を公開して「生徒にとってその授業は価値あるものとなり得たか」を議論し合ったり，生徒の現状を語り合って「今，彼らに身に付けさせるべき力は何か」を見いだしたりして，研鑽を重ねていくしかない。そのための教材・授業研究に多くの時間と労力を要することは，事実である。しかし，全職員が目の前の生徒たちの成長を念頭に，カリキュラム・マネジメントを施していくことが求められている今こそ，教員一人一人が，自らの使命を自覚しその職務と向き合える，絶好の機会であるのかもしれない。

●参考・引用文献

1）鹿毛雅治・藤本和久（2017）『授業研究を創る－教師が学びあう学校を実現するために』，教育出版
2）鹿毛雅治（2017）『「この子」のよさをとらえるために－子ども一人ひとりの思考に気づく』，教育研究（2017年5月号 No. 1383），初等教育研究会
3）田村学（2018）『深い学び』，東洋館出版社

第1部 | 基本的な考え方 | 2

本校の特色ある教育活動と「深い学び」との関わり

1　総合的な学習の時間との関わり
（1）「TOFY」における具体的な取組

　ここでは，本校の TOFY 活動における，具体的取組について触れていきたい。研究活動が円滑に進み，実りある探究とするためには，各教科で身に付けた「知識・技能」や教科等横断的な視点での汎用的なスキルを繰り返し活用していくことで，より「使いこなせるもの」として定着させていくことが重要である。そして，探究を経て新たな「知識・技能」を自ら獲得し，各教科活動等につなげていくことが，この TOFY 活動において期待されている。

　そのためには，見通しをもって計画を立てたり構想を練ったりすること，思考やアイディアを広げたり収束させたりすること，多様かつ膨大な情報を精査して比較・分類等を行い整理していくこと等が，大きく関わってくる。そういった際には，様々な「思考ツール」を用いることも，活動の質をより高める効果的な手法となる。例えば2年次に，研究テーマの設定を行う場面がある。まず自分自身が今興味を示していることを基準に「マンダラチャート」（**図1**）を作成して自らの発想を広げ，そこで出てきたキーワードを「5W1H」を組み込んだ「ウェビング」形式のマップ（**図2**）に整理することで，テーマの創出をより適切かつ効果的に行えるように工夫している。これらの「思考ツール」は，道徳を含めた各教科等でも活用し，思考の促進や話し合いの活性化に役立てている。もちろん，これらは場面や焦点を当てたい思考方法によって使い分けることが必須であり，また「ツール」に当てはめることで逆に思考の矮小化がなされたり，「ツール」を用いることが目的化されたりしないように留意する必要がある。ただし，各教科で得られた「知識・技能」や働かせてきた「見方・考え方」に加え，そこでの思考や活動を有効にさせた「ツール」も，育んできた資質・能力をより効果的に発揮・活用する上では必要な要素であることに間違いない。

　生徒の中に，各教科等での学びにおいて，より一層

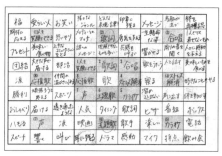

図1　「歌」のマンダラチャート

図2　「歌」の5W1Hマップ

の「深まり」が実感されるためには,「総合的な学習の時間」を主軸に,各教科等が横断的に様々な関わり方をしていく姿こそが,これからの学校教育に求められる形であることは言うまでもない。

以下は今年度の各講座（人文・社会科学講座,科学技術講座,健康科学講座,芸術講座）における,具体的な研究内容や様子等を紹介したものである。なお,3年間を通しての各学年でのTOFYの具体的な取組内容においては,『附属横浜中』(2018)を参照されたい。

(2) 各講座の取組
○人文・社会科学講座
「東京五輪に向け,外国人が駅で迷わないようにするには ～英語表記の視点から～」

「東京五輪に来る外国人たちの苦労を減らしたい」というところから生徒Aの研究は始まった。英語表記にして,かつ「見やすい」路線図等を創り上げることを目的に研究を進めた。デザイン会社にインタビューをしたり,外国の路線図を調べたりしながら試作品を創り,それを外国人に見せてアンケートを採るなど,試行錯誤を重ねた。鉄道会社によって新たに提案された駅ナンバリングについても便利な点と改善点についての考察がなされた。その結果提案された路線図と駅ナンバリングへの英語版解説が,右の図3と図4である。図3は複雑な路線図から目的地へたどり着くための路線のみを抽出し,位置関係を見失わないように,主立った観光地を示し,複数の路線が入り交じっている駅にのみ駅ナンバリングを乗せ,簡略化するという工夫を施している。また駅ナンバリングにおいても,図4のように文字や数字をきちんと整理することで,そこにある情報を読み取りやすくしている。

図3 作成した路線図

図4 作成した駅ナンバリング

この研究は非常に論理立てて進められており,国語や数学の時間に培った論理的思考力が十分発揮されている。また,図表を精査し,改善していく点では国語科や社会科で学んだことを活用した研究となっていると言えるだろう。

○科学技術講座
「IoTはくらしをよりスマートにするのか」

「個人開発で本格的なIoTを作ってみたい」というところから生徒Bの研究は始まった。そしてプロダクツ開発を通して,IoTによって何が得られるのか,IoTはくらしをよりスマートにするのかを明らかにするために研究を進めた。この生徒はまず,専用のハンガーに水分センサ,湿温度センサ,CPU・送信機,バッテリーを内蔵することで,かけられた洗濯物があとどれくらいの時間で乾くのかをスマートフォンでチェックでき,乾いたときに通知を受け取れるAndroidアプリケーションベースのIoTツール,「Drying Assistant」を考案した。そして,専門家からの

アドバイスやモニター調査の結果を受け，改良を重ねていった。研究の成果として開発した三号機（図5）では，3Dプリントサービスを用いてハンガーのデザインを突起ができるだけ少ない薄型にして，また天気情報を正確に測定できるようにセンサの精度や強度を高めることで，予想乾燥時間も精度を増すことができた。プロダクツの開発を通して，ユーザーの行動にフィットしたIoTは，最適な行動の選択を可能にするため，くらしをよりスマートにする可能性のあるシステムであるとの結論を得た。

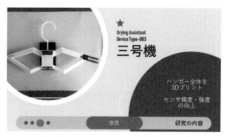

図5 「Drying Assistant」三号機

この研究は，身の回りの課題をデジタルで解決しているところが優れており，先進性の感じられるものであった。モニター調査の資料作成には数学や社会で学んだ内容が生かされており，改良を重ねていく際には，国語や数学で培った論理的な思考力が発揮されていた。

〇健康科学講座
「原材料を変えて，味を損なわずにどこまでお菓子を糖質オフできるか」

生徒Cの研究の動機は，「好きなお菓子を食べ過ぎると，ニキビができたり脂肪がついたりするため，糖質を気にせず食べられるお菓子について研究したい」と思ったからである。まず文献調査により明らかになった「糖質を減らすことで脂肪になりづらい」という事実を基に，クッキーの原材料を何に代用すれば糖質量を減らすことができるかについて，実験を繰り返して検討を重ね，小麦粉はおから，砂糖はみりんに代用することが適していることを導き出した。そして，味を損なわないためには「甘さ」と「食感」の要素が必要だと考え，図6のように様々な配分で作ったクッキーの試食による調査等を行い，小麦粉とおからを2：8，砂糖とみりんを4：6の割合で作ると，味を損なわずに糖質も57％カットできるという結論に至った。

図6 実験の様子

実験のデータや資料から必要な情報を読み取る力や，多様な情報を取捨選択して論理的に構築する力等，国語や社会で培った力が活用され，教科学習とのつながりのある研究であった。また，家庭分野で学習した，健康による見方・考え方を働かせることができていた。

〇芸術講座
「折り紙が脳へもたらす影響とは何か」

「折り紙が脳にどのような効果を与えるかを明らかにすることで，改めて折り紙の価値を見いだしたい」という動機から生徒Dの研究は始まった。まず，折り紙を折るグループと折らないグループにクラスを分け，スライドに数字の羅列を表示し，できるところまで記憶して紙に書いて

もらう実験を17日間行った。その結果，折り紙を折ったグループの方が，記憶力が安定するという結論が出た。また，お茶の水おりがみ会館でのインタビュー等から，折り紙は集中力や記憶力に良い影響をもたらすことに加え，脳の前頭前野・視覚野・運動野といった部分が鍛えられることがわかった。つまり折り紙を折ることで人間はよりよい思考や，感情のコントロール，運動技能の強化や，手先が器用になるということが期待でき，それを根拠に，折り紙をもっと日常で継続的に折るべきだという提案へとつなげた。

解決方法を導き出す際，各教科の学びをつなげて取り組めていた。文献調査をする際には，国語で学んだメディア・リテラシーを意識してたくさんの情報の中から正しい情報を選択することができていた。実験の進め方や考察する上での視点は，理科で学んだことを活用し，グラフの読み取りや作成に関しては，社会や数学での見方・考え方を働かせて分析を行えていた。

2　道徳教育における試み

（1）本校における道徳教育

本校では道徳教育の重点目標を「豊かな心をもち，社会の変化に対応しながら，自己実現を図ろうとする生徒を育成する。」としている。それを受け，教育活動全体を通して道徳性の育成を目指そうと，各教科において道徳教育の指導方針を設定し，全体で共通理解を図り取り組んでいる。特に，本校では全ての教科で言語活動を活発に行うことが常態化しているため，その中で道徳性の育成に焦点を当てた振り返りを行うことで，生徒が成長を実感できるように工夫をしている。

『新学習指導要領』における道徳科の実施に向けては，「考え・議論する」ための授業展開や題材とはどうあるべきかを，試行錯誤しながら追究しているところである。

本校の研究テーマでもある「深い学び」を生徒が実感するには，情意面の高まりや成長が大きく作用するため，道徳科と各教科の両方から生徒の情意面にアプローチする必要がある。

道徳の授業では，生徒の個性や特徴，人間関係を踏まえた上で，題材で取り上げられている問題を解決したいという気持ちへと導き考えさせるために，自分や他者の考えを知ったり伝えたりすることに喜びや充実感を感じさせられるような工夫を心がけなければならない。題材については，道徳的諸価値を理解し多面的・多角的に考えられるように，自己の体験を想起させたり，立場を変えて考えさせたりする発問が必要である。

本校では，以上の視点をもって授業改善に努め，職員間で道徳授業についての情報共有・会議での話し合い等を定期的に行っている。

（2）実践の様子

本校で行っている道徳の授業の中で，汎用性のある工夫を以下に紹介する。

①実践1「様々な視点から考えさせる工夫」

題材「支える・支えられる」（内容項目：「感謝」「勤労」）では，世界は誰かの仕事でできていることや，それぞれの仕事がつながっていることに気付くために，マンダラチャート（図1）を用いて，自分の持ち物にどのような役割の人が関わっているかを書き出した。チャートを用いて話し合うことで，他の生徒からの「こういう役割もあるのでは？」等の問いかけから新たな視点

に気付いたり，一緒にアイディアを出したりして，グループ内で考えを深めることができた。このようにツールを用いることは，様々な人の考えや意見を基に，多面的・多角的に題材を捉えるのに効果的である。

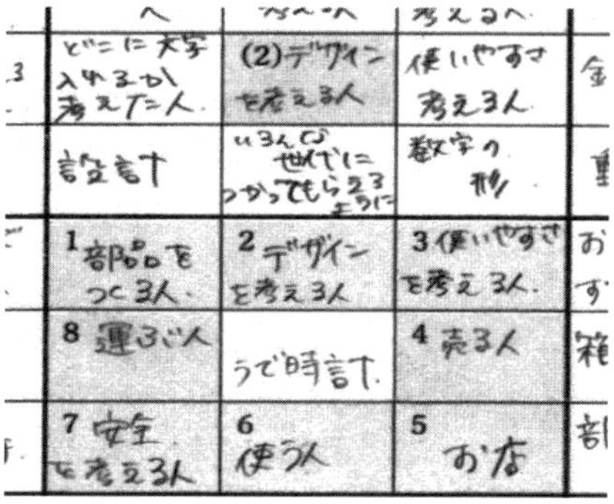

②実践2「様々な考え方を明確にして自分ごととして考えていく工夫」

題材「ロレンゾの友達」（内容項目：「友情，信頼」）では，主人公のしてしまった行動に対して，友人3人がそれぞれの考えを語っていく作品を学習教材として使用した。通常，範読は授業者が行っているが，それぞれの立場の意見が整理しやすいよう，主要人物4人のセリフ部分にそれぞれ担当の生徒を募って，範読を行う工夫をした。文字だけではなく，音声としても違いが確立されることで，意見の整理に役立っている様子だった。範読後，いくつかの発問の後に，「自分は誰の考え方に賛成か。その理由は。」ということを考えさせた。3人それぞれの考え方に支持者が分かれる結果となり，さらにその理由を共有し合った。様々な考え方を学ぶだけでなく，「自分ごと」として複数の意見を比較しながら考えたからこそ，他の意見にもより耳を傾けられる姿も自然と創出されたのだと言える。

図1 「腕時計」から考えた生徒のマンダラチャート

③実践3「学びの変容を見取るための工夫」

授業の最初に題材に対するイメージを生徒と共有するために，その題材について今どのように思うかを生徒に記入させている。中心となる問いは，道徳的価値に迫りつつ，多様な意見が出るようなものを作るようにしている。授業展開においては，少人数で意見を言える場を必ず設定し，自分の考えを相手に伝えるなど，自分とは異なる意見を聴く機会を作っている。また，少人数で意見を言う際には多様な価値観に触れられるよう，メンバーを変えている。授業の終わりには，中心となる問いで考えたことや聴いたことを基に，題材を通して思ったことを再考させることで，道徳的価値についての見方や考え方の深まりを見取れるようにしている（図2）。

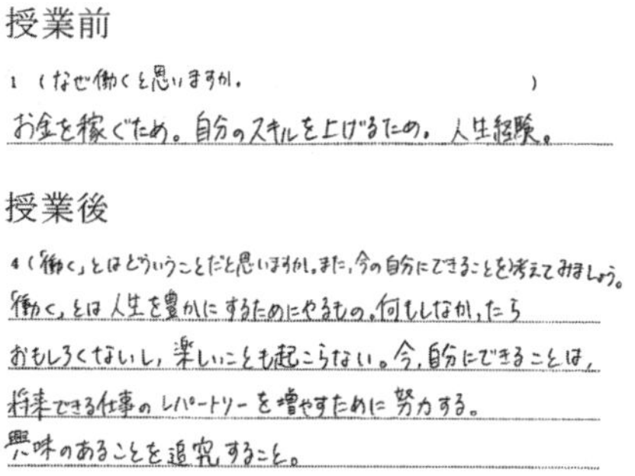

図2 授業前後の生徒の変容が見取れる記述

(3) 成果と課題

本校では全校で共通の道徳ノートを活用している。題材名や質問内容が空欄の一冊になっており，どのページをどのように使用するかは，その題材や授業の流れによって自由に工夫できる。また，前のページが見返しやすい冊子状になっているので，以前の考えをもう一度振り返ることができる。これを生かして，認め励ます評価へとつなげていきたい。

道徳の教科化に向けては，職員研修会や打合せを行ったり，道徳的諸価値に迫るために様々な

方法を実践したりと,「道徳」について私たち教師がよく考えるようになってきた。ときには,この道徳的価値とは何だろうか,と深く考え議論に発展することもある。生徒が多面的・多角的に考え,教室内で自然と議論が起こる道徳授業を目指し,教師側が固執した考え方にとらわれないように心がけたい。

3　情報活用能力の育成とICTの利活用
(1) 本校のICT環境
①本校のICT環境がどのように整備されているか

　本校では,横浜国立大学と連携して生徒一人一台のタブレットパソコン(以下,TPC)環境を構築し,学校教育に必要なICTを利活用した研究活動や授業実践を推進してきた。『新学習指導要領』において,言語能力とともに情報活用能力(情報モラルを含む)が学習の基盤であると明確に位置付けられた中で,本校では10年先の学校教育を見据えて,さらなるICT環境の構築を目指して取り組んでいる。

　平成29年4月の入学生徒からBYOD (Bring Your Own Device)によるWindowsをベースとしたTPCを導入した。家庭でも必要に応じて活用の促進を図ることを目的に,現1・2年生はセルラーモデルの端末を選択している。オンプレミスのサーバを設置せず,課題の配布や提出等は段階的にクラウドで行うことを推奨している。クラウドサービスは,カリキュラムや既存データとの互換性を考慮し,MicrosoftのOffice365を選択している。

　ICT環境の維持や管理は,株式会社JMCの支援を受けている。TPCの保守業務はもちろんJMC担当者が講師となって,アップデートの方法やセキュリティについての生徒に対する授業や,教職員に対する研修会も実施している。また,生徒や教職員への直接的な支援としてICT支援員が常駐している。ICT支援員は,TPCの管理や授業におけるICTの効果的な活用方法,学校全体のICT環境の整備などに携わり,本校のICTの推進に大きく貢献している。

②「次世代の教育情報化推進事業」指定校として

　「次世代の教育情報化推進事業(以下IEスクール)」とは,教科等横断的な情報活用能力の育成に係るカリキュラム・マネジメントの在り方や,ICTを効果的に活用した指導方法の開発のための実践的な研究を実施することを目的としている事業である。本校では昨年度に引き続き文部科学省生涯学習政策局情報教育課よりIEスクールの指定を受け,横浜国立大学の教職大学院や株式会社JMCと連携して情報教育の体系的な推進を図っている。今年度は,主に次の4点に取り組んできた。

ア　民間企業と連携し,情報機器の操作を含む情報活用能力に関するスキルの育成を行う。
イ　今年度の研究活動「新しい時代に必要となる資質・能力の育成への試みⅣ『深い学び』へと導く授業のあり方」と連携を図り,ICTを利活用した学習方法を開発・実践する。
ウ　本校の使命の一つである教育人材育成の一環として,教育実習における実習生のICT利活用のスキルアップを図る。
エ　a)各教科において,パフォーマンス課題(情報機器の操作を含む)による情報活用能力の評価の検討を行う。b)情報活用能力を育成する学習場面(単元)と,発揮させる場面(単元)の組み合わせを明確にしたカリキュラムを開発する。

今年度末には各教科等の実践事例等，本校の取組を報告書にまとめる予定である。

（2）ICTの利活用と「深い学び」

日常的にICTの利活用を推進している中で，「深い学び」とつながる授業事例等を紹介する。
1年の英語科では，生徒各自が持っているOffice365のアカウントを使い，英語で授業者に自己紹介のメールを送る学習活動に取り組み，メールの形式やタイピングの技術などを学んだ。作成したメールをクラウドで集約し，いずれは海外の生徒とメールで文通する際に今回の学習を生かす予定である。学年を越えた学習活動の展開により，深い学びが期待できる。

2年の音楽科では，合唱の活動としてTPCの録音・録画機能でクラスの合唱練習の様子を撮影した。実際に動画を撮影・視聴することで，客観的な「耳」で捉え，意見を交換し合うことで対話的な学びが生まれ，合唱の完成度が高まる効果が実感できた。

3年の数学科では，ExcelのRANDBETWEEN関数を使い乱数を発生させる手順の他，RANK関数，VLOOKUP関数などについても学び，標本を抽出するにはどのような方法がよいか考えた。日直を無作為に決めるシートの作成など，自ら課題を設定し試行錯誤を経て目的に応じて情報の傾向と変化を捉え，多様な解決策を明らかにするプロセスの中で学びが深まった。

さらに，総合的な学習の時間では，身に付けたICTスキルを積極的に利活用している（本書籍pp.17-20を参照されたい）。その他，生徒会本部の発案により，生徒総会に向けた議案書を紙媒体で配付せず，各自のTPCでその内容を効率的に確認できたことなど，教科学習のみならず，身に付けたICTの技能を発揮する場面があった。今後も学校生活のあらゆる場面で，ICTの利点を活かした教科等横断的な利活用を推進していく。

（3）今後に向けて

BYODによるTPC環境を整備した一方，活用頻度が十分とは言えないとの指摘から，夏季休業中の課題として，生徒は家庭で検索・プログラミング・フローチャート問題やタイピング練習を行った。日常的に触れる機会をつくらなければ操作スキルは向上しないので，授業時間以外の活用を増やすことにより，TPCの利活用を日常化する必要がある。一方で，休み時間中の使用など，学校がどこまで生徒のTPCの管理や指導を行うのか課題が残る。情報モラルの指導も含めて教職員が一方的にルール等を決めるのではなく，現状の活用状況等を踏まえて，生徒や保護者とともに今後の利活用の在り方について継続的に考えていく必要がある。

ICTは生徒にとって質の高い学びを提供できることから，その効果は計り知れないものがある。これからの時代に必要な資質・能力を育成するためにICT機器の扱いを習得させることは必須だが，それ自体が目的化されると「深い学び」とは逆行する授業や学びになってしまうことが懸念される。各教科における学習課題とじっくりと向き合わず，表面的にICTを利活用することが優先されると，何を身に付けさせたいのか不明確になる可能性もある。だからこそ，授業者自らが授業研究を深め，より効果的なICT利活用を研究していくことは必要不可欠である。そして生徒が多様な「見方・考え方」を自在に働かせて，自分の納得解・最適解を導き出すためのスキルの一つとして，ICT利活用を深めていくことを目指したい。

第1部 | 基本的な考え方 | 3

「プロセス重視の学習指導案」の考え方
〜平成30年度「プロセス重視の学習指導案」の見方〜

　本校では10年以上前から「プロセス重視の学習指導案」を用いて授業研究を行っている。研究発表会などの公開授業で用いるのは，本書籍pp.25-28のような4ページを冊子形式にしたもので，中の見開き2ページ（本書籍ではpp.26-27）に資質・能力の育成のプロセスが見渡せるようになっているのが特徴である（本書籍の『第2部 各教科の実践』では，紙面の都合上，「プロセス重視の学習指導案」の1ページ目と4ページ目の内容については各教科の実践例の前半部分に簡略化してまとめた）。

　この指導案は，各年度の研究主題に合わせて若干の形式の見直しは重ねてきたものの，「学力は単元全体を通して育成される」という一貫した理念のもとで用いてきた。『新解説総則編』においても，「各学校において指導計画を作成するに当たり，各教科等の目標と指導内容の関連を十分研究し，単元や題材など内容や時間のまとまりを見通しながら，まとめ方などを工夫したり，内容の重要度や生徒の学習の実態に応じてその取扱いに軽重を加えたりして，主体的・対話的で深い学びの実現に向けた授業改善を通して資質・能力を育む効果的な指導を行うことができるように配慮する」（p.70）ことが示されている。つまり，資質・能力の育成のためには，生徒の実態や学校文化を念頭に置き，学習のプロセスがきちんと重視されるように，単元全体を見通して意図的，計画的に授業を構想および実践していくことが重要であり，「プロセス重視の学習指導案」は，それに対応し得る有用な形式であると考えられる。

　この指導案は，限定した1時間（いわゆる公開授業の「本時」）の流れが分かりにくいという批判をよく受ける。しかし，本書籍の『基本的な考え方［1］』でも述べたように，生徒自身が学びの深まりを実感するためには，自ら「問い」をもち，主体的にその「問い」と向き合って試行錯誤していくことが必須である。授業者が綿密に計画した指導案どおりに授業を展開していくのでは，授業者から一方的に「問い」を与えることとなり，生徒自身に「問い」が生まれることにはならない。資質・能力の育成を意識した授業においては，生徒自身が学びの「舵取り役」を担い取り組んでいくべきであり，ならば指導案自体も様々な状況に対応できるよう，細かくしすぎないことが重要となる。

　授業者は授業を構想するにあたり，まず授業のねらいや生徒の学ぶ姿を解釈する視点（「評価規準」）を明確にし，「評価方法」→「主たる学習活動」→「指導の留意点」という流れで授業をデザインすることで，「何ができるようになるか」という教育の成果に着目して適切な学習活動を選択し，授業をデザインすることが求められる。そしてそのためには単元全体，1年間，3年間…と生徒自身の「学び」が広がっていく姿を豊かにイメージしていくことが，不可欠なものであることは言うまでもない。

　以下，今年度の「プロセス重視の学習指導案」の見方を，注釈を添えながら説明する。

プロセス重視の学習指導案

理科　学習指導案

横浜国立大学教育学部附属横浜中学校　　神谷　紘祥

1　対象・日時　　3年C組　平成30年6月7日（木）6

　　　　　　　　　　　　　　　　　　　　　　　　　　　[各教科の見方・考え方を踏まえ，育成を目指す資質・能力を単元（題材）の内容に即してまとめます。p.4の最上段と呼応します。]

2　本単元で育成したい理科の資質・能力
　　さまざまな事物・現象に関する課題を，量的・関係的な視点や質的・実体的な視点で捉え，科学的に探究する力。

3　単元の評価規準

[本単元（題材）で，とくにターゲットとなる指導事項について，『参考資料』と，『新学習指導要領』で示されている内容の項目に基づいて，評価規準を記載します。]

自然事象についての知識　実験などの技能	科学的な思考・表現	主体的に学習に取り組む態度
①水溶液には電流が流れるものと流れないものがあること，イオンが存在すること，イオンの生成が原子の成り立ちに関係すること，電池は化学エネルギーが電気エネルギーに変換されていることなどについて基本的な概念を理解し，それに関わる知識を身に付けている。 ②イオンや電気に関する観察の方法，実験の基本操作を習得するとともに，観察，実験の計画的な実施，結果の記録や整理などの仕方を身に付けている。	③水溶液の電気伝導性，原子の成り立ちとイオン，化学変化と電池に関する事物・現象の中に問題を見いだし，目的意識をもって観察，実験などを行い，水溶液の種類と電気伝導性，イオンの存在，イオンのモデルと関連付けた化学変化による電流の取出しなどについて，自らの考えを導いたりまとめたりして，表現している。	④水溶液の電気伝導性，原子の成り立ちとイオン，化学変化と電池に関する事物・現象に進んで関わり，それらを科学的に探究しようとするとともに，事象を日常生活と関連付けて見ようとしている。

4　単元「化学変化とイオン」について
　　『新学習指導要領』では，本単元の主なねらいを「理科の見方・考え方を働かせて，水溶液の電気的な性質，酸とアルカリ，イオンへのなりやすさについての観察，実験などを行い，水溶液の電気伝導性，中和反応，電池の仕組みについて，イオンのモデルと関連付けて微視的にとらえさせて理解させ，それらの実験，観察などに関する技能を身に付けさせるとともに，思考力，判断力，表現力等を育成すること」としている。イオンや電子などの不可視の世界について，実験，観察などの結果をもとにモデル図を用いて可視化して生徒に理解させ，日常の様々な事物・現象について考えさせたい。また，単元の終わりに「災害時に家庭にあるものを用いて化学電池を作りなさい」という課題を設定し，金属のイオンへのなりやすさや水溶液の電気伝導性について考えさせるとともに，「災害時に電源として活用できる物質を想定し，仲間とともに最適解を求めて探究する」という，学習したことを生活に生かす態度を育成したい。

[教科の本質を踏まえて，生徒のこれまでの学びと本単元との関連性について説明しています。また，生徒の学びに対する教師の願いも含めます。]

5　生徒の学びの履歴
　　本単元の学習を進めるにあたり，中学1年時に「身の回りの物質」で学習したモデル図については，不可視の世界を可視化して表現するためにとても重要な事柄である。イオンの成り立ちを原子の基本的な構造から理解させたり，水溶液中のイオンの動きを理解させたりすることができるように，必要に応じて既習事項の振り返りをしながら単元の学習を進めていきたい。本単元の中で，これまでの学習や経験から仮説を立て，立てた仮説を検証するための実験方法を考え，実験によって仮説を検証し，得られた結果から考察をするという学習を繰り返し行ってきた。今回の課題は特に答えが明確に見つからない課題である。これまでの学習方法を用いて，対話的・協働的に最適解を導き出させるようにしたい。

6 資質・能力育成のプロセス（17時間扱い，本時□）

> 見開き（pp.2-3）で，単元等における授業者の指導と評価，生徒の活動を概観できるように記載しています。

次	時	評価規準 ※（ ）内はAの状況を実現していると判断する際のキーワードや具体的な姿の例 （①から④は，3の評価規準の番号）	【 】内は評価方法 及び Cの生徒への手だて
1	1 ｜ 7	態④　これまでに学んだことを基に，「before - after」に取り組んでいる。（○）	【発言の確認】【ワークシートの記述の確認】 C：日常生活にかかわる問いについて質問しながら知識を確認する。
		知①　水溶液には電流が流れるものと流れないものがあることやイオンが存在することを実験結果から理解できている（○）	【ワークシートの記述の確認】 C：実験結果を振り返らせ，「電解質」などの用語の意味の確認をする。
		〔評価の観点と丸番号は，p.1の3「単元の評価規準」に対応しています。なお本書籍の第2部「各教科の実践」では，丸番号は省略しています。〕…られた物質…ができている	【ワークシートの記述の確認】 C：教科書や資料集で既習事項の確認をする。
		思③　モデル図を用いて，電気分解の仕組みやイオンの動きを説明できる。（○◎） （A：電気の種類（＋，－）を根拠に挙げながら，イオンの動きを説明できる。）	【ワークシートの記述の分析】 C：実験結果を振り返らせ，結果から分かることを確認する。
2	8 ｜ 11	知①　実験結果から，含まれるイオンの種類によって水溶液の性質が決まることを理解している。（○）	【ワークシートの記述の確認】 C：実験結果を振り返らせ，結果から分かることを確認する。
		思③　モデル図を用いて，中和反応におけるイオンの数量の変化を説明できる。（○◎） （A：上記に加え，液体の性質も説明できる。）	【ワークシートの記述の分析】 C：実験結果を振り返らせ，結果から分かることを確認する。
3	12 ｜ 17	知①　2種類の金属を電解質水溶液に浸し，回路をつくることで電流が流れることを理解している。（◎） （A：金属のイオンになりやすさを考慮して化学電池を作ろうとしている。）	【ワークシートの記述の分析】 C：ワークシートを用いて既習事項を振り返らせ，どうしたら電気が流れるのかを確認させる。
		知②　実験結果を比較しやすいように，表などにまとめることができる。（○◎） （A：2種類の金属，水溶液の種類，電圧といった必要な要素を分かりやすく整理して結果を述べている。）	【ワークシートの記述の分析】 C：実験を振り返りながら，結果を示す上で必要な要素を確認させる。
		思③　実験結果から，家庭にあるものでより大きな電圧を発生させる方法を説明できる。（○◎） （A：電圧の大きさの違いを既習事項を生かして論理的に説明できる。）	【ワークシートの記述の分析】 C：既習事項を振り返らせ，電圧の大きさの違いがなぜ生まれるのかを確認させる。
		態④　より大き…圧を得る化学電池について，	【発言の確認】【ワークシートの記述の分析】 C：実験の状況を想起させ，課題に対して考え…かけを与える。

> 評価の過負担を避けるためにも，指導に生かすための評価（○）と記録するための評価（◎）に整理します。指導に生かす評価（○）は全員のB達成を主な目的とするため，Aの状況は想定しません。

＜指導案－p.2＞

○は主に「指導に生かすための評価」、◎は主に「記録するための評価」

主たる学習活動	指導上の留意点 ☆:「深い学び」を生み出す工夫	時
・イオンと化学変化に関する「before‐after」に解答する。	・教科書などを見ずに、今の時点で知っていることから、できる範囲で解答するように伝える。	1 ― 7
・電流が流れる水溶液と流れない水溶液について実験を行い、相違点を調べる。	・結果を表にまとめさせ、電流が流れるものと流れないものの違いを考えさせる。	
・塩化銅水溶液の電気分解実験を行い、イオンについて調べる。	・既習事項を生かして実験結果を分析させる。	
・塩酸を電気分解して、実験を行い、結果を分析・解釈する。	・モデル図を用いて、水溶液中のイオンの動きを説明できるようにさせる。	
・2種類の金属と水溶液を使用し、電流が流れる条件について仮説を立て、実験を行い、実験結果を分析・解釈する。	☆再構築された概念をレポートにまとめさせる。また、まとめたレポートを互いに見合うことによって、協働的に思考の変容を振り返らせる。	
・実験を行い、酸性・アルカリ性の水溶液の性質について調べる。	・結果を表にまとめ、酸性、アルカリ性それぞれに共通する性質を考えさせる。	8 ― 11
・実験を行い、酸性・アルカリ性が何によって決まるのかを調べる。	・BTB溶液の性質、塩酸と水酸化ナトリウムの電離を確認した上で実験に取り組ませる。	
・酸性の水溶液とアルカリ性の水溶液を混ぜる実験を行い、中和反応について調べる。	・イオンの反応の様子をモデル図で表せるようにさせる。	
【課題】 大きな地震が発生したため、夜間の照明として使う電源を確保しなければならない。家にあるもので、できるだけ大きな電圧を発生させる化学電池を作成しなさい。		12 ― 17
・課題について個人で仮説を立て、実験方法を考える。	・使用できるものは、家にあるもので、持ってこられるものであるという条件を確認する。	
・グループで話し合い、適当であると判断される実験方法を挙げる。	・「災害時に電源として使用することが適当な材料であるか」「できるだけ大きな電圧を得る」という2つの視点から実験方法を考えさせる。	
・他のグループに実験方法を説明し、意見交換をする。	☆実験をしながら、仮説の更新をするべきかを考えさせる。	
・実験を行い、結果を分析・解釈する。		
・考察をレポートにまとめる。 ・レポートを相互に見合い、よいところや改善点を指摘し合う。	☆既習事項や経験に基づく知識を、理科の概念とつなげられるように、協働的に思考の変容を振り返らせる。	

（吹き出し）今年度の研究主題を意識し、学習者の学びの深まりがより促進されていくために、授業者が施した仕掛けや工夫等には、☆を付けました。

（吹き出し）本単元の中心となる課題や単元を貫く問題意識を□で囲んで提示します。

＜指導案－p.3＞

「プロセス重視の学習指導案」の考え方　27

7 学びの実現に向けた授業デザイン

【本単元で目指す生徒の学ぶ姿】

p.1の2「本単元で育成したい各教科の資質・能力」を，生徒の実態や学習課題に即して生徒の学ぶ姿でイメージします。本単元ではこの姿の実現を目指して授業を展開します。

・これまで学習した知識をもとに仮説を立てたり，モデル図などを用いて不可視の世界を可視化したりして，実験方法を考えたり実験結果をもとに考察をまとめたりする姿。
・仲間と対話的・協働的に課題に取り組み，自らの思考の変容を振り返りながら科学的な概念を再構築する姿。

【学びの実現のための指導の工夫】

上記の「学ぶ姿」を実現するための指導の工夫です。本書籍理論編で整理した指導の工夫から，教科の特質や学習課題に応じて，具体的に説明しています。

○教科の本質への迫り方

　本校理科では，理科の本質を「見方・考え方を働かせて，事物・現象について探究していくこと」であると考えている。本単元「化学変化とイオン」では，目に見えない電子やイオンといった粒子をモデル図などで表し，それらがどのように動くのかということを考えさせることによって，粒子を質的・実体的な視点で捉え，電子やイオンによって起きる現象について探究するという理科の本質に迫りたい。

○見通す・振り返る学習活動

　科学的な思考を深めさせるため，課題解決学習において，学習を進めていく過程で仮説の練り直しをさせたり，振り返りを客観的な視点を加えて見直させたりする。具体的には，課題を提示した当初に仮説を立てさせ，仮説を検証するための実験を行わせる。得られた結果から再構築された知識や考察をレポートにまとめさせ，そのレポートを互いに見合う時間を設ける。自分が行った「仮説・検証・まとめ」という課題解決の過程を他者の視点で評価してもらうことにより，客観的に自分の思考の変容を見直し，科学的な見方・考え方を働かせて課題を解決する汎用的な能力を身に付けさせることが期待できる。

○実践場面の設定

　科学的な思考力・表現力を高めるために，科学的な探究の過程を重視した問題解決学習の充実を図る。「大きな地震が発生したため，夜間の照明として使う電源を確保しなければならない。家にあるもので，できるだけ大きな電圧を発生させる化学電池を作成しなさい。」という課題は，本単元で学習した「イオン」や「化学変化」が理科室の中だけで起きていることではなく，日常生活や社会に関係する事物・現象であるということを意識させたい。導入部分でパワーポイントを用いて災害時の映像を提示するなど，生徒に課題に取り組む必要性を感じさせたり，意欲をもたせたりする工夫をし，生徒が積極的に課題解決に取り組む姿勢をもたせられるようにしたい。

○知識・技能の構築

　電池の仕組みについて微視的にとらえさせて理解させ，実験に関する技能を身に付けさせるためにイオンの動きをモデル図で表す。具体的には，塩化銅水溶液の電気分解や塩酸の電気分解，水酸化ナトリウム水溶液の中和などの実験を行い，実験の時に目で見えた現象（炭素棒に銅が付着するなど）がどのようなイオンの動きによるものなのかをレポートにモデル図を用いて表し，説明させる活動である。実際には目で見ることができないイオンの動きをモデル図によって理解させることで，電池の電流が流れる仕組みを理解させ，課題にある化学電池を作成する上でどのような金属が必要なのか，どのような水溶液を用意するべきなのかを考える根拠にさせる。

【本単元での指導事項】 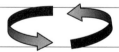 ※（既習）は既習事項

ここには本単元の課題解決に必要となると考えられる指導事項を，あらかじめ既習事項を含めて整理します。「学びを支える」という意味で授業デザインの最下段にまとめました。

・原子の成り立ちを理解すること。
・基本的な電池の仕組みを理解すること。

【本単元における，総合的な学習の時間（TOFY）とのつながり】
・課題を発見し，仮説を立てて解決の方法を考え，実験や観察（TOFYではアンケートなども含む）から得られた結果を分析・解釈することが，個人探究活動の進め方の根幹につながる。

【本単元における，道徳とのつながり】
・見通しをもって実験を行う，科学的に探究する態度を養うことが，「真理の探究，創造」へとつながる。

ここには本単元での学びのどのような側面が，総合学習のどのような側面に生かされるのか，またどのような道徳的諸価値と合致するのかを整理します。そして，それぞれの学びが往還によってより身に付いていくと考え，矢印を双方向で示しています。

<指導案－p.4>

第2部

各教科の実践

国語科
社会科
数学科
理　科
音楽科
美術科
保健体育科
技術・家庭科
英語科
学校保健

第2部 | 各教科の実践

実践例①〜③

1　本校国語科が考える教科の本質と実現したい生徒の学ぶ姿

　国語科における教科の本質とは，ことばについての考えを深め，より確かなものにしていくことである。そのために，様々な言語活動を行う中でことばを使って対象を捉えたり問い直したりしながら，「ことばとは何だろうか」という問いに対する自分なりの答えを見つけていく。そうした過程の中で「自分のことば」というものを一人一人がもてるようになっていく。このような姿が国語科の本質であると本校では考える。

　国語科の授業においては，「言語活動を通して」という言葉に縛られ，活動をすることそのものが目的化してしまう危険もはらんでいる。確かにことばの存在理由は，対象を理解し，考えを表現し，人間関係を形成するための道具であると考えることもできる。しかし，何かを伝えるだけでなく，ことばによって，他者を思いやることや，抽象的な概念で論理的に思考し，新たな価値観を生み出していくこともできる。自己の中に豊かなことばがあれば，それだけ豊かな世界が見えてくる。ことばの力を付けることは，多様な価値観を身に付けさせ，豊かな感性を育むことにもつながるのだ。そのような姿勢でことばへの学びを続けることで，国語科における「学びの深まり」も生み出していけると考える。

　では，教科の本質に迫る生徒の学ぶ姿とはどのようなものか。ことばの力を付けていくためには，実際に使われていることばを様々な観点から捉え直していくことも必要となる。そのためにはまず，生徒たち自身がどのようなことばを持っていて，どのような言語環境の中で生活しているのかを把握し，自覚させることから始めていくことも有効な手立てとなるだろう。

　例えば，本校国語科では，2015年度より「言葉ノート」の実践に取り組んできた。これはことばのもつ様々な側面について自覚していくために非常に効果的な活動となっている。日常生活の中で感じ入ったことばに出会ったとき，そのことばを書き留め，何を感じたかを記しておく「言葉ノート」。年度末には「抄」にまとめる活動も行う。その中で，生徒たちは一年間の言語生活を見直すとともに，ことばへの認識も新たなものにしているのではないだろうか。授業との関連で言えば，例えば，単元に関わる言葉を「言葉ノート」に集めさせることから始めるのも一つの手だろう。

　頭で考えるだけではなく，実際に話してみたり，書いてみたりという体験の中で，ことばと格闘しながら練り直したり，比べてみたりすることを通して，ことばへの認識を深めていく姿の実現を目指したいと考える。

2　「学びの深まり」を生み出すための授業づくりにおける工夫点

　授業において「学びの深まり」が生まれる瞬間とはどのような瞬間か。これについて髙木（2018）は次のように述べている。

　　　国語科における「学びの深まり」が生まれる瞬間の一つは，「言葉」という視点で物事を捉え，「言葉」という角度から思考していく中で，相手や目的を踏まえて，情報と情報，情

報と媒体等の中に埋め込まれた関係を発見したり，新たな関係を創造したりすることだと考えられる。例えば，「読むこと」の授業の中で，テキスト内の隠れた多様な関係性が発見できたり，テキスト外との関係性が発見できたりすることがそれに該当するだろうし，また，以前読んだ別のテキストとの関係性の発見もそうだろう。

　ある教材を読んだときに，段落相互の関係に気付けたり，以前読んだ他の教材との関連に気付けたり，既有の知識を更新していく。それが，国語科における学びが「深まっている」姿だと言える。

　そのような「学びの深まり」を生み出すためには，生徒たちが主体的・対話的に活動に取り組んでいく必要がある。本校国語科では，「主体的」とは生徒自身が自らすすんで課題に取り組み没頭している姿を意味し，「対話的」とは他者との交流を通して選択肢を増やす中で考えを深めていく姿を意味するものと考えている。このような姿を実現するためには生徒たちが自ら「やってみよう」と思えたり，「話し合ってみたい」と思えたりする課題を提示することが欠かせない。そのような課題を提示して生徒自身が課題に没頭する中で，「ああ，そうだったのか」と思える瞬間，すなわち，身体的・感情的に「深い学び」を実感できる瞬間をいかに生み出すかを考えることが重要である。夢中になって考え，本気で対話をする必然性のある課題に取り組むことで，生徒たち自身の経験の中に「深い学び」が現出する。そうした経験を繰り返させることで，自然と問いを見いだし，その問いに対して「深く」考えられる身体ができていくのではないか。そうした「深く学び続ける身体」（甲斐，2018）をつくっていけるような単元を構想していくことの繰り返しが「学びの深まり」を想起させることにつながるのではないだろうか。

3　実践の成果と今後への課題

　今年度も，国語科では，自らのことばと向き合い，ことばへの認識を深めていくための実践を行ってきた。そのための手立ては様々であるが，生徒たちは楽しそうに，夢中になって活動に取り組む姿が見られた。そして，グループでの交流の中で本気で対話し，新たな気付きもたくさん生まれた。例えば，1年生の実践では，動画を繰り返し見ることで「聴き手」として必要な視点とは何かを改めて実感していた。2年生の実践においては物語化する過程の中で話し合いながらユニークな視点が数多く生まれた。3年生の実践では動画に音声を吹き込む際，自らの声に真剣に耳を傾けている姿が見られた。

　一方で，そのような課題に取り組むためには多くの時間がかかる。このような実践を続けるためには，生徒たちに必要な力はどのようなものかを見極め，年間を見通して単元にうまく軽重をつけた授業計画を練る必要がある。

　自らの言葉をメタ的に認識させるための語彙の充実も大きな課題だ。『新学習指導要領』でも語彙の重要性を謳っているが，生徒たち自身がことばについて考えるための語彙をいかに身に付けさせていくかも重要な課題だと言える。

●参考文献
1）髙木まさき（2018）．"「深い学び」を実現するために"．第12回ことばと学びをひらく会研究大会配付資料．東京，2018-10-20
2）甲斐利恵子（2018）．"「深く学び続ける身体」を作る"．第12回ことばと学びをひらく会研究大会配付資料．東京，2018-10-20

●第2部／「相手の反応を見ながら，本の紹介をしよう」・1年生

国語科実践例①

1 単元で育成したい国語科の資質・能力
〔目指す生徒の学ぶ姿〕

自分の考えや根拠が明確になるように，話の構成を考え，相手の反応を踏まえながら自分の考えが伝わるように工夫できる力
〔自分が伝えたいことをベースとして，聞き手の反応に応じて構成や表現を変えながら話すことができる姿〕

2 単元について

本単元で力を育成するべく，単元の課題を『相手の反応を見ながら，本の紹介をしよう』とした。本校の生徒は読書に積極的に取り組んでおり，読書が生活の中で身近なものになっているので，学習課題として成立すると考えた。また本校ではすべての教科で，生徒が主体となる言語活動を重視しており，特に，自分の考えを発信することは自信をもって取り組むことができる。そして，考えの共有の場面においても，他者の考えを受信し，自分と他者の考えの共通点・相違点の発見，比較することができる。そのため，単元の課題として本の紹介をし，おすすめの本の紹介を聞いて終わるのではなく，今後の生活につながるものとした。

3 単元の学びを支える指導事項
（◎特に身に付けたい指導事項，・機能的習熟を目指す既習事項）

◎相手の反応を踏まえながら，自分の考えが分かりやすく伝わるように表現を工夫すること。（話・聞ウ）
・音声の働きや仕組みについて，理解を深めること。（知・技（1）ア）

4 学びの実現のための指導の工夫
（1）教科の本質への迫り方

本単元で育成を目指す資質・能力を育むには，聞き手の興味や関心，もっている情報量，聞き手にとって分かりやすい語句の選択に加え，話す速度や音量，言葉の調子や間の取り方，言葉遣いに注意し，工夫しながら話すことが大切となる。「相手に分かりやすく伝えるための工夫」について，自分の話を客観的に捉え，自己評価をしてさらに工夫することで，発信者としての資質・能力を育みたい。

（2）「見通す・振り返る」学習活動

本単元で育成したい資質・能力は，「話すこと」においての「相手の反応を踏まえること」である。「分かりやすく伝える工夫」については「話の構成を考える（話・イ）」と「音声の働きや仕組みについて（知・技（1）ア）」の2つの指導事項をこれまでに学習している。本単元では，身に付いた力が存分に発揮できているかを意識させ，「相手の反応を見ながら自分で確認する」ことを通して振り返りをさせたい。

（3）知識・技能の構築

既習内容である音声の働き（話す速度や音量，言葉の調子や間の取り方，言葉遣い）を確認し，その知識・技能を本単元の言語活動の中で使うことによって，再構築させたい。さらに，「相手の反応を踏まえる」ことを意識し，自分が話す際の音声がどのような働きをしているかを自覚的に学ばせたい。

5 授業の実際

本校では1年生の校外学習で高校を訪問し，高校の授業を体験している。今年度は国語の授業の中で，高校生と「相手意識」につ

いて話し合う時間を設けた。その時間を単元の導入とし，身に付けたい力を意識する契機とした。

1次では，高校生との交流授業を振り返り，話すことにおける相手意識の大切さを確認した。生徒は，相手の反応を見ることの大切さと難しさを感じると同時に，この単元での学びが，これからの学習や，社会生活の中で生きて働いていく大切な力になることを見通せていた。

まず生徒たちは，本を紹介する準備として，計画を立てた。その際，聞き手の反応を捉え，もっている情報量を推測しながら，自在に構成を変え言葉を選んで話を進めることができるように，付箋を使って行った。本の魅力を効果的に伝えるためには，紹介する本の内容や本との出会い，読後の感想等をどのように構成にすればよいか，試行錯誤を繰り返し，検討した。また，「話すこと」における振り返りとして，自分の話す能力と話し方における課題を個々で考え，ベン図（図1）の上部にまとめた。（p.35のベン図の活用のポイント参照）

2次では，本の紹介を交流した。その際，TPCを活用し，一人一人の発表の様子を撮影した。発表後には，他者と比べて自分の発表はどうだったのか，他者という存在を通して自分の発表を振り返り，ベン図の右下に記録した。さらに，交流したメンバーと撮影した動画を見ながら，互いに助言を行った。話し手と聞き手として，映像を何度も見ることによって，相手の反応を見ようとしているかだけでなく，分かりやすい構成になっているか等，話の内容面にも思考を巡らせることができ，使われている言葉，言葉遣いで伝わる印象等についても助言し合う様子があった。音声言語という消えてなくなってしまう情報について検討する言語活動において，ICT機器の活用は有効であると感じた。そして，交流の中で出た他者から助言等をベン図の左下に記録した。

3次では，ベン図や映像を参考に，各自が話すことの課題を発見し，その課題を克服することを意識しながら，グループを変えて交流を行った。最後に単元のまとめとして，人に伝わる発表と，伝わらない発表の違いについて，振り返りをした。その際，自身の話をメタ認知しやすくするために，TPCとベン図を活用して自己分析をした。そうすることによって，動画を通して見た自分と，言語化された自分の，2つの側面から自分の「話すこと」を捉えることができていた。

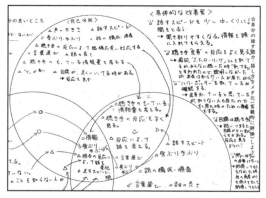

図1　3つの集合のベン図

生徒の振り返りの中に，「この学習で気が付いたことは，相手を見ていても，暗記して頭の中の原稿を読んでいるのでは，相手意識をもった発表にならないということだ。その時の自分の言葉で伝え，その反応を見ることが大切だと思った。」とあった。ただ相手を見ることから，発した言葉がどのような受け止められ方をしているのかを見る，という変容に，その生徒の学びの深まりを感じた。

（土持　知也）

[資料]　資質・能力育成のプロセス（6時間扱い）

次	時	評価規準 ※（　）内はAの状況を実現していると判断する際のキーワードや具体的な姿の例	【　】内は評価方法 及び Cの生徒への手だて
0	0		
1	1-2	知　音声の働きによって，自分の考えの伝わり方が変わることを理解している。（○） 知　音声の働きによって，他者の考えの伝わり方が変わることを実感している。（○） 思　本の魅力が分かりやすく伝わるように話の構成を考えている。（○）	【発言の確認】 C：小学校の具体的な活動場面を想起させたり，Ⅰ期の学習内容を例に出し，確認させる。 【発言の確認】 C：自分にとって伝わりやすかった部分，伝わりにくかった部分を挙げさせ，どうしてそう感じたのか，既習内容の知識・技能を参考に考えさせる。 【ワークシートの記述の確認】 C：作品の魅力としてどこを伝えたいのか明確にするように助言する。
2	3-4	知　音声の働きを意識しながら紹介している。（○） 思　聞いている相手の反応を踏まえながら，本の紹介をしている。（○）	【発表の確認】 C：紹介している時に顔を上げ，相手を観察するように助言する。 【グループでの振り返りの確認】 C：魅力について，伝わり方が不十分な部分を挙げさせ，音声における知識・技能とのつながりを確認させる。
3	5-6	思　聞いている相手の反応を踏まえながら，紹介している本の魅力が分かりやすく伝わるように工夫している。（◎） （A：聞き手の反応に応じて言葉や説明を言い換えたり，構成を変えたり，説明を補足したりしながら本を紹介している。） 態　聞いている相手の反応を踏まえながら，紹介している本の魅力が分かりやすく伝わるように工夫しようとしている。（◎） （A：聞き手の反応を踏まえながら本を紹介できたか，自分の発表を振り返り，自分自身の「話すこと」の特徴をメタ認知している。）	【発表の分析】 C：紹介している時に顔を上げ，紹介する本の魅力について，聞き手がどのように反応しているか観察するように助言する。 【振り返りの分析】 C：発表時の相手の反応を想起させ，相手の反応に応じて，どのような工夫をしたかを書くように促す。また，人に伝わる発表で大事なことは何か，気が付いたことを具体的に挙げるように助言する。

○は主に「指導に生かすための評価」，◎は主に「記録するための評価」

主たる学習活動	指導上の留意点 ☆：「深い学び」を生み出す工夫	時
・「相手意識」をもつことを狙いとした，高校生の学校紹介を聞く。 ・高校生と，相手意識について小グループで交流する。 ・高校生を含むクラス全体で，グループ交流で出た意見を共有する。	・事前に聞き手として，どんなことを知りたいと思うか考えておく。 ・聞き手を意識した発表とは，どのようなものか，自分の考えをもって高校生の発表を聞く。	0
・学びのプランを使って本単元の学習に見通しをもつ。 ・「自分の考えを分かりやすく伝える工夫」について，既習内容を確認する。 ・単元の課題について確認する。 【課題】友達の反応を見ながら，おすすめの本を紹介しよう～自分の考えが伝わるように工夫して話す～ ・教師による本の紹介を見て，気付きを共有する。 ・紹介する本を決め，発表をイメージしながら，付箋を使って構成を考える。 ・「自分の考えを分かりやすく伝える工夫」を意識しながら，声を出して練習する。 ・ベン図を使って，自分自身の「話すこと」についての特徴，強みや課題について分析する。	・小学校の既習内容やⅠ期の単元を具体例に出しながら，既習内容を確認させる。 　※相手にとって分かりやすい語句の選択，話す速度や音量，言葉の調子や間の取り方，言葉遣い，話の構成等。 ・聞き手として積極的に参加することで，自分の成長につながることと，積極的な聞き手が良い話し手を育てることを認識させる。 ・批判的な視点に加え，「相手の反応を踏まえて話す」ことについて，どのような工夫がされていたか考えさせる。 ・本の魅力を紹介する視点を複数もつように促す。 ・聞き手のもっている情報量を想定しながら計画を立てるように促す。 ・自分の話すことについての良いところ・改善が必要なところを振り返らせる。	1 ― 2
・相手の反応を踏まえながら話すことを意識し，TPCを使って撮影しながら3～4人組で本の紹介を行う。 ・他者の「話すこと」と比較し，自分の「話すこと」にはどのような特徴があるか，ベン図を用いて分析する。特に，自分の「話すこと」についてどう考えるか，自己分析をする。 ・発表後，TPCの動画を見ながらグループで振り返り，お互いに助言する。 ・個人で何度も動画を見て，ベン図に気付きを書く。	・原稿やメモは持たせず，聞き手を見ながら話をするように意識させる。 ・ベン図を使い，自分の話し方の評価を可視化させる。 ☆話し手にとっての分かりやすさと，聞き手にとっての分かりやすさの違いを伝え合い，各グループで振り返りをさせる。	3 ― 4
・動画やベン図を参考に，自分の発表がよりよくなるように改善する。 ・改善するポイントを意識しながら，前時と異なるグループで，相手の反応を踏まえながら本の紹介を行う。 ・何名かの紹介をクラス全体で共有し，単元を振り返る。 【3つの集合のベン図を活用するためのポイント】 ①発表前に，自分の「話すこと」におけるよいところ・改善した方がよいところを書き込む。（上部の円） ②他者が発表する姿を通して見えてきた，自分の発表の特徴について①と同様に書き込む。（右下の円） ③他者からもらったアドバイス等を書き込む。（左下の円） ④円の重なり部分に現れた，自分の「話すこと」について分析する。	・前時を振り返り，自分自身の「話すこと」の課題が話の構成にあるのか，使用する語彙や表現にあったのか，音声やジェスチャーなどの部分にあったのかを分析し，改善すべきポイントを明確にする。 ・相手の反応を踏まえて話す工夫がどのようにされているかを意識しながら発表を聞くように促す。 ・発表した人の「話すこと」における優れた部分はどこかを意識しながら聞くように促す。 ☆ベン図や動画を見返しながら，相手意識の重要性と，人に伝わる発表と伝わらない発表の違いについて振り返りをさせる。	5 ― 6

● 第2部／「農村物語―物語から発見する『私』」・2年生

国語科実践例②

1 単元で育成したい国語科の資質・能力〔目指す生徒の学ぶ姿〕

表現の効果を考えて描写したり，文章の構成や展開を考えたりすることによって，自分の考えが相手に伝わる文章になるように工夫して書く力

〔農村体験学習での経験を，構成や展開，描写や表現の効果を考えて言葉を選び，整理して書く姿〕

2 単元について

本校では，2年生の10月に長野県で農村体験学習を実施している。そして，事後学習として，文集を書くことが通例となっている。本単元では農村体験学習での経験を，魅力的に伝えるための手段として，体験文ではなく「物語の創作」という言語活動を設定する。「物語」にするねらいは，フィクションの世界を通じて，自身の体験を「物語」の登場人物の視点から相対的に捉え直すことで，自身の体験を価値付けたり，現実場面では気付けなかった心の動きにも気付いたりできることである。また，フィクションの世界で自身の経験を語ることでより安全に，自分の内面と向き合うことができる。

「物語」の創作においては，題材の捉え方や言葉の表現などに書き手の「対象や言葉に対する感性やものの見方」が表れる。自分の体験した内容を印象付ける上で，構成や展開，表現の工夫を思考しながら言葉に対する感性を磨き，TOFYをはじめとする他教科で，自分の考えを発信する力の向上につなげたい。

3 単元の学びを支える指導事項
（◎特に身に付けたい指導事項，・機能的習熟を目指す既習事項）

◎伝えたいことが分かりやすく伝わるように，文章の構成や展開を工夫すること。（書くイ）

◎自分の考えが伝わる文章になるように表現の効果を考えて描写すること。（書くウ）

・抽象的な概念を表す語句の量を増すとともに，類義語と対義語，同音異義語や多義的な意味を表す語句などについて理解し,話や文章の中で使うことを通して,語感を磨き語彙を豊かにすること。（知識及び技能（1）エ）

4 学びの実現のための指導の工夫

(1) 教科の本質への迫り方

作文を書く際には個人での活動になることが多いが，本単元では農村体験と同じグループになり，常に相談できる形態をとる。それによって，同じ体験をした仲間と，言葉や表現の選択，構成における順序などを試行錯誤しながら，問い直したり捉え直したりすることができるようにする。似た意味の言葉でも，使われる言葉によっては伝わるニュアンスが全く異なったりする。そのような体験を通して，より自分の思いを適切に表現する言葉を吟味しようとする姿勢を育むことを目指したい。

(2)「見通す・振り返る」学習活動

単元のはじめに課題を確認するとともに，単元計画を示しながら完成までの見通しをもたせる。また，毎時間の終わりに，その時間の進捗状況，次時の課題，迷っていることを記入させる。その内容を基に，教師が共通の課題を設定し，個人での活動に入る前にクラ

ス全体で考える時間を設ける。過去の体験を様々な角度から振り返り，言葉で可視化することにより，自己の内面の整理，体験の価値付けができるようにしたい。

（3）実践場面の設定

本単元では農村体験学習における自身の体験を振り返るために「物語」を書く。制作過程において，自問自答することで自身の考え方や学びを自覚し，意見交流の際に「読み手」の視点で助言し合うことで，他者へ伝える言葉への認識が深まっていく姿を期待した。また，「物語」にすることで，出来事の間にある因果関係やつながりを明確にし，体験文を書くよりも安心して自身の体験を語ることができる。さらに，物語を三人称視点で書くことで，他者と自分を対等の位置から捉え直すこともできると考え課題を設定した。

5　授業の実際

単元のはじめに，教材文やモデル文を使って，書き手の工夫を考えさせたところ「会話だけではなく，行動からも気持ちが分かる」「表現技法を使って登場人物の心情を表している」「風景や天候と主役の気持ちが重なっている」など心情を表すポイントについての意見が数多く出された。そして，その気付きを生かして物語を創作することを全体で確認した。その結果，前向きな気持ちになった様子を「鍬を握る手に力を込め，さっきより大きく振りかぶった」と表現するなど，直接的な表現ではなく，行動描写や情景描写を工夫する姿が見られた。

「構想を練る」段階では，場面や登場人物などの設定，出来事の構成，物語の展開などが一枚にまとめられる「構想シート」を用いた。一枚の紙にまとまった様々な情報を俯瞰的に見ることができたので，整合性を図りながら，仲間からの助言や自己の気付きを授業の度に書き加え，想像を膨らませていった。中でも，構成と展開グラフ（図1）は，出来事と心情が可視化されるため，思考が整理されるだけでなく，読み手として助言する際に，書き手の意図や物語の全容を踏まえた上での交流がなされていた。

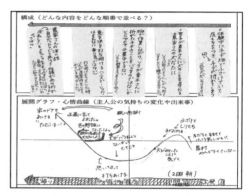

図1　構想シートの一部（構成と展開グラフ）

体験に基づく物語創作だったため，現実と架空との境界の設定が難しいようだったが，登場人物に託して自身の学びや心情を表現する過程で，もう一人の自分との対話が生まれ，農村体験での学びを意義付けることができたようだ。その様子は，生徒の記述（図2）からも読み取れる。

作文では、自分が体験したことや感じたことを主観で書くことが多いが、物語だと、客観的に自分を見て書けるので、新たな発見が多くあった。例えば自分がどういう景色を見て、何を思ったのか、主観で文を書くと、「美しい」などの単純なものしか書けないけれど、客観で書くと、どこがどう美しかったのかを改めて考えることができる。また、物語だと読者に想像してもらうことができるし、構成次第でガラッと印象が変わるのも、面白い。情景描写で心情を表すのも、物語の良い所だ。

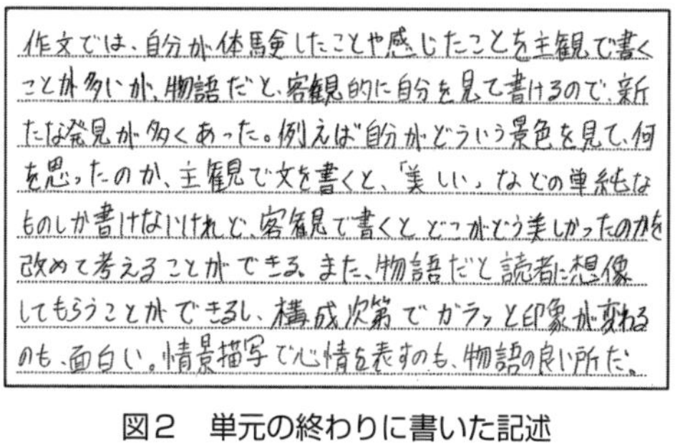

図2　単元の終わりに書いた記述

また，「故意に書いたわけではないけど，書いた後に振り返ってみると『あ，私こう思っていたんだな』というのも分かり，心の内を思うように書けた。」という記述もあった。現実での出来事を物語として再構成することで，自身も気付かなかった心の機微を捉え直す機会ともなった。

（橋本　香菜）

[資料]　資質・能力育成のプロセス（7時間扱い）

次	時	評価規準 ※（　）内はAの状況を実現していると 判断する際のキーワードや具体的な姿の例	【　】内は評価方法 及び Cの生徒への手だて
1	1	思　構成や展開，表現に着目して教材文やモデル文を読んでいる。（○）	【ノートの記述確認】 C：教材文，モデル文にどのような工夫があるかを隣同士で確認させ，その工夫によってどのような効果があるのかを自分の言葉で書かせる。
2	2 ｜ 4	知　抽象的な概念を表す語句の量を増すとともに，類義語と対義語，同音異義語や多義的な意味を表す語句などについて理解し，話や文章の中で使うことを通して，語感を磨き語彙を豊かにしている。（○） 思　伝えたいことが分かりやすく伝わるように文章の構成や展開を工夫している。（○）	【構想シートの記述の確認】 C：個別の時間の際に，迷っていることや悩んでいることを挙げさせ，アドバイスする。 【構想シートの確認】 C：物語に書きたいと思っている事柄の順番を入れ替えることで，伝わる印象が異なることに気付かせる。
3	5 ｜ 6	思　表現の効果を考えて描写するなど，自分の考えが伝わる文章になるように工夫している。（◎） （A：人物の心情を台詞だけで表現するのではなく，行動描写や情景描写とも関連させて書いている。）	【作品の分析】 C：同じことを表す言葉や表現を比べさせ，読み手としてどちらの方が，よりイメージが膨らませやすいか考えさせる。
4	7	態　伝えたいことが分かりやすく伝わるように表現の効果を考えて描写するなど，自分の考えが伝わる文章になるように工夫しようとしている。（◎） （A：物語として書く際に，構成や展開，表現を工夫することによって，どのようなよさがあるのか具体的に書けている。） 思　伝えたいことが分かりやすく伝わるように文章の構成や展開を工夫している。（◎） （A：出来事を時系列で羅列するのではなく，主人公の心情変化などを考慮して展開を考えている。）	【単元の振り返りの分析】 C：単元を通しての苦労や楽しさを考えさせ，どのように課題と向き合ったかを書かせる。 C：書き手として，構成や描写に工夫がされているかを客観的に確認させる。仲間の文章を読んで，真似したい工夫を書かせる。

○は主に「指導に生かすための評価」，◎は主に「記録するための評価」

主たる学習活動	指導上の留意点 ☆：「深い学び」を生み出す工夫	時
・単元計画を提示し，単元の見通しをもたせ，本単元での学習課題を確認する。 【課題】「私」の農村物語を書こう。 　　　　自分が体験したことをもとに物語を想像し，構成や展開，表現を工夫しよう。 ・教材文とモデル文を読み，書き手の工夫点を見つける。 （人物設定・視点・描写・書き出しの工夫など） ・挙げられた工夫点が他の物語にも共通していないかどうかを考える。	・単元を通して身に付けたい力を確認して，学習に見通しをもたせる。 ・最終イメージをもたせるとともに，教材文とモデル文にどのような工夫があるかを確認させる。 ※教材文は長崎源之助「つりばしわたれ」。モデル文は，教師が書いたものを使用。 ・既習教材や今までの読書体験からどのような工夫があるのかということを確認させる。	1
【物語の構想を練る】 ・自分の体験を振り返り，物語の構想を立てる。 ・物語の場面や登場人物の人物像などを設定する。 ・登場人物（特に主役）の物の見方を設定する。 ・展開グラフを書き，登場人物の情報（行動や心情変化）や，場面の展開などをメモする。 ・友達の意見を参考に，構成や展開を工夫する。	〈毎時間行うこと〉 ・その時間の自分の課題と活動内容を確認。 ・共通の課題について話し合う。（構成や展開，描写等） ※教師が書いたモデル文で実際に比較させ，効果を確認する。 ・最後に「振り返り」を書く。その時間の活動内容や気付いたこと，次時の課題，今迷っていることなどを書く。 ☆疑問が生じたときにすぐに友達に相談できたり，読み手としてのアドバイスを行いやすくしたりするために，農村体験の4人班を作った状態で活動させる。	2 ｜ 4
【清書をPCで書く】 ・構想シートをもとに，読み手への効果を考えながら，語句選びや描写を工夫して物語を書く。 ・表現の工夫で悩んでいるところを相談させ，読み手としての意見を仲間にもらう。 ・仲間の意見をもとに，推敲を重ねる。	・最後まで推敲を重ねることができるように，清書はパソコンで作らせる。（原稿用紙設定） ※推敲の過程が分かるように，日付を書いて保存させ，足跡が分かるようにする。 ☆類義語や同じような表現をいくつか挙げ，印象の違いを検討させる。 ☆疑問が生じたときにすぐに友達に相談できたり，読み手としてのアドバイスを行いやすくしたりするために，農村体験の4人班を作った状態で活動させる。	5 ｜ 6
・視点を明確にして，友達の作品を鑑賞し，単元の振り返りを行う。 〈作品鑑賞の視点〉 ・作品からどのようなメッセージを受け取ったか。 ・スムーズに物語が展開しているか。矛盾はないか。 ・その場の情景や，登場人物の心情をイメージできるような表現の工夫があるか。 〈単元の振り返りの視点〉 ・自らの体験を振り返る際に「物語」にすることのよさとは何か。 ・物語にしたことで，農村体験学習での学びに新たな気付きは生まれたか。	・構想を練った際の多様な視点をもとに，友達の作品を鑑賞し，よさを自分の言葉で表現する。 ※誰が書いたのか分からない状態で，数人の作品を鑑賞し，付箋によかったところを具体的に書かせる。 ・体験文との違いを意識しながら振り返らせる。 ・書き上がった物語だけではなく，構想シートなども見ながら振り返らせる。	7

● 第2部／「『ヒロシマ』を語り継げる人に」・3年生

国語科実践例③

1 単元で育成したい国語科の資質・能力
〔目指す生徒の学ぶ姿〕

話を聞いて深く共感したり豊かに想像したりしながら，自分の思いや考えを広げたり深めたりすることができる力。自分の考えが分かりやすく伝わるように表現を工夫しながら話すことができる力。

〔「語り部」の話を聞いて，原爆や平和といったことに対する自分の思いや考えを深め，それを自分のことばにして表現を工夫しながら語ることができる姿〕

2 単元について

本校の修学旅行では，例年，広島市の訪問と，原爆の「語り部」（被爆体験伝承者）による講話が行われる。2018年現在，生徒たちは，広島の原爆を体験した原爆被災者による語りを聞くことができているものの，「語り部」たちはすでに高齢であり，これから先，原爆を直接体験した「語り部」自身から直接語りを聞くような活動はできなくなってしまう。そのため，「語り部」による語りを直接聞くことのできた生徒たちが，それぞれに，自らの「語り」の経験をいかに次世代の人々に伝えていくか考えることも大切になってくるだろう。修学旅行において，生徒たちは，「語り部」による「語り」を聞いた翌日，原爆の子の像の前で平和集会を開いた後，平和記念公園内を散策した。「語り」と広島市内のフィールドワークを経た生徒たち自身に，「原爆をどのように捉え直し，そして語り継いでいける人になれるのか」考えさせたい。

また，「知ること（knowing）」と「感じること（feeling）」や「話すこと」と「語ること」の違いを考えさせる機会にもしたいと考える。「言葉による見方・考え方」を働かせながら，「自分のことばで語る」とはどういうことか探究させる単元としたい。

3 単元の学びを支える指導事項
（◎特に身に付けたい指導事項，・機能的習熟を目指す既習事項）

◎場の状況に応じて言葉を選ぶなど，自分の考えが分かりやすく伝わるように表現を工夫すること。（話・聞ウ）

◎話を聞いて，自分の考えを広げたり深めたりすること。（話・聞エ）

・資料や機器を用いるなどして，自分の考えが分かりやすく伝わるように表現を工夫すること。（話・聞2年ウ）

4 学びの実現のための指導の工夫

（1）教科の本質への迫り方

様々な文献に触れる中で，微妙な言葉遣いの違いから生まれる伝わり方の違いを感じ取らせたり，一つ一つのことばを大切にしながら語らせたりする活動を通して，一人一人の言語感覚をより豊かにしていくような単元としていきたい。

（2）実践場面の設定

普段，私たちは「戦争」や「原爆」について，マスメディア等を通じて知ることがほとんどだろう。しかし，修学旅行で現地広島に行き，「語り部」による生の声を聞き，フィールドワークを通して得られることは，マスメディアを通して「分かったつもり」になる知識とは全く質が異なるものである。その体験を通して得たものを言語化することで，生徒たちの成長を一層確かなものにしたいと考える。そこで本単元では，スピーチではなく，「デジタルストーリーテリング（以下，DST）」（小川，2016）を用いた「語り」を行

うこととした。DSTでは，写真と語りとを組み合わせた動画を事前に制作し，それを上映しながら，その作品について語り合う。これによって，生徒たちが自分の「語り」を客観的に見ながら，聴き手とともに語り合うことで，考えをより一層深めていく場を創りたいと考えた。

（3）知識・技能の構築

生徒はこれまでに何度もスピーチやプレゼンテーションを行う経験を重ねてきている。習得した知識・技能を繰り返し使う中で，場や内容に応じた話し方をより習熟させていきたいと考える。

5　授業の実際

本単元は，「ヒロシマ」をテーマにスピーチをし合う【「ヒロシマ」ミニ交流会】を行うことから始めた。そこで生徒たちが感じたことは，「社会などで『勉強』した結果で知っているだけ」ということや「もっと肌に触れるようなかたちで身近に感じられるようになってはじめて『ヒロシマ』についてより考えられる（語れる）と思う」といったことだ。

「ヒロシマ」に対する思いがまだまだ不十分ではないかという感覚と，現地に行って直接「ヒロシマ」について深く知らなければならない，という動機付けができた。その後，【「ヒロシマ」を考える読書会】や【「原爆体験記」朗読会】を通じて，制作者による「ヒロシマ」への見方や考え方の違いや，語り方の違いを感じたり，生々しい記述を実際に声に出して朗読する体験を通して「語り部」自身のつらさを疑似体験したりすることで，「語り部」の話を聴く意欲が高められた。

修学旅行での「語り部」による講話では，体験したものでなければ絶対に語れないような凄みのある「語り」に生徒たちは圧倒された。

「語り部」の想いを語り継ごうと，【デジタルストーリー】の作成の際には誰もが集中し，真剣に取り組んだ。「ヒロシマ」で自らが撮影した写真に，フィールドワークを通して感じたことを自らのことばにして「声」を吹き込む。納得のいくまで何度も「声」を吹き込み直す生徒や，作成する中で，「声」のもつ力の大きさに気付く生徒が数多くいた。単元の終わりに行った上映会では，誰もが集中して動画に見入っていた。各グループで選んだ動画に対して他の班員が「語り部」や「広島の中学生」等に扮してコメントをさせることにより，選んだ動画が「私たちの」動画となった。その姿をドラマ的に再現させることで，見ている者に「ヒロシマ」を「語り継ぐ」姿を想像させることができたように思う。

振り返りを見ると，「声」がいかに語りの雰囲気を作る上で重要なものか，間の取り方一つで大きく印象が変わることに深く気付く者，構成という点でも，誰の視点で物語を作るかによる違いや，比較して語ることの効果の大きさ，何より淡々と事実を語るのではなく「自分のことば」で語ることがいかに人の心を打つかということに気付くことができたようであった。そして，一様に平和への強い想いや願いが深められた単元であった。以下はある生徒の振り返りの記述の一部である。

「自分が体験したわけではないから一生かけてもすべてを知ることはできない。でも，ヒロシマを語り継ぐためには少しでも多くのことを知りそれら一つ一つと向き合っていかなければならないと思った。ヒロシマを語り継げる人になりたい。」

●参考文献

小川明子（2016）『デジタルストーリーテリング』，リベルタ出版

（福井　雅洋）

[資料]　資質・能力育成のプロセス（9時間扱い）

次	時	評価規準 ※（　）内はAの状況を実現していると判断する際のキーワードや具体的な姿の例	【　】内は評価方法 及び Cの生徒への手だて
1	1 〜 5	態　内容に応じた適切な言葉を選び，自分の考えが分かりやすく伝わるように表現を工夫しながら伝えようとしている。（○） 思　話を聞いて，自分のものの見方や考え方を広げたり深めたりしている。（○）	【発言の確認】 C：言葉ノートの記述から適切な表現を選ぶことができるよう助言する。 【行動の確認】 C：内容だけでなく，どのような言葉を使っているのかにも着目させる。意味を解説したり，異なる言葉で言い換えたりする。
2	6 〜 8	知　自分の考えが伝わり，相手に共感してもらえるように語感も意識しながら言葉遣いに注意している。（◎） （A：適切な言葉選びがされており，話し方もそれに応じたものとなっている。） 思　話を聞いて，自分のものの見方や考え方を広げたり深めたりしている。（◎） （A：語りの中で聞いた断片的な言葉による記録ではなく，自分なりの解釈も加えて記録している。）	【「音声」の分析】 C：話し方には話す内容のみならず，声のトーンや抑揚，息づかい等も含まれることに着目させる。 【発言の確認】 C：これまでの学習活動との関連を考えさせる。 【ワークシートへの記述の分析】 C：上映会の際にとったメモをもう一度見直させ，自分の「語り」と比較させる。
	9	態　内容に応じた適切な言葉を選び，自分の考えが分かりやすく伝わるように表現を工夫しながら伝えようとしている。（◎） （A：「ヒロシマ」に対する考えが深められた記述がなされている。「話す」と「語る」の違いが理由をもって述べられている。） 思　場の状況に応じた話し方や表現を工夫したりして共感される話をしている。（◎） （A：「ヒロシマ」を語るにふさわしい言葉が選ばれている。）	【振り返りレポートへの記述の分析】 C：これまでの学習を振り返りながら，「広島」と「ヒロシマ」のちがいについて改めて考えさせる。 C：これまでの学習を振り返りながら，「話す」と「語る」の違いについて考えさせる。

○は主に「指導に生かすための評価」,◎は主に「記録するための評価」

主たる学習活動	指導上の留意点 ☆:「深い学び」を生み出す工夫	時
【課題】 「ヒロシマ」を語り継げる人になろう （修学旅行前の授業） 【「ヒロシマ」ミニ発表会】 ・夏休みの課題として提示していた，各自が言葉ノートに記した「戦争」や「ヒロシマ」をもとに，「今，考える『ヒロシマ』」をテーマにスピーチする。 【「ヒロシマ」を考える読書会】 ・石垣りん作の詩『挨拶』，広島テレビ放送制作の『碑』，田口ランディ作『イワガミ』（一部）を読み，それぞれ印象に残った場面，違いを生み出しているものは何か，話し合う。 【「原爆体験記」朗読会】 ・広島市原爆体験記刊行会編の「原爆体験記」の中から手記を一つ選び，グループごとに朗読する。	・単元の導入では「焼き場にたつ少年」の写真や「ICAN」のスピーチを紹介する。 ・写真が伝えるものの大きさや，様々なスピーチの工夫について考えさせる。 ・メディア等が伝える「戦争」や「原爆」の言葉を言葉ノートに記入させる。 ・社会科で得た知識と関連付けてスピーチさせる。 ☆詩で伝える「ヒロシマ」，ノンフィクションで伝える「ヒロシマ」，物語で伝える「ヒロシマ」を比較し，内容だけでなく言葉の使い方や語感の違い，作者の立ち位置の違い等にも着目させる。 ・原爆を伝えるための多様な表現に触れさせる。 ・『イワガミ』を読む過程においては，第三者が被爆体験を伝えることの難しさや葛藤にも気付かせたい。 ・相手に共感してもらい，深く考えてもらえるような「語り」にする。 ・「語り部」の気持ちを想像させる。	1 ｜ 5
（修学旅行後の授業） 【デジタルストーリー「ヒロシマ」】 ・修学旅行中に聴いた語り部さんの話や平和記念公園での散策で感じたことをもとに，写真とセットにして「ヒロシマ」を語り継ぐための「語り」を考える。	・本単元における「語り」は，デジタルストーリーテリングの手法を用いる。 ・写真との組み合わせでの「語り」を考えさせ，ムービーメーカーに吹き込むようにする。 （1人2～3分程度の「語り」にする）	6 ｜ 8
・各自が作った「ヒロシマ」の物語を視聴し語り合う上映会を行う。各自が作った物語を互いに視聴し，語り合う。 ・グループの中で「全体で共有したい」と思えるものを一つ決め，「語り部」，「広島の中学生」「（広島を訪れたことのない）横浜の中学生」からのコメントを考える。 ・全体での上映会を行う。	☆視聴し合い，語り合うことで「わたしの」物語が「わたしたちの」物語になるように仕向ける。 ・語り合うことで，一人での語りでは気付かなかったようなことに気付かせたい。 ・「ヒロシマ」を語り継げる人になるための話し合いになるようにする。	
【振り返りレポート】 ・あなたが感じた「ヒロシマ」とはどのようなものでしたか。そして，それを語り継いでいくためにはどのようなことが必要か。 ・TOFY等のプレゼンテーションなどで求められる「スピーチ」と比較しながら本単元で求められたような「語り」においてはどのようなことが大切か。 ・本単元での気付きをもとに記述する。	☆単元の最初に行ったスピーチと，最後に行った「語り」との比較をふまえて書かせるようにする。 ・「ヒロシマ」を語り継げる人になっていくための振り返りレポートにする。	9

第2部 | 各教科の実践

社会科

実践例①～②

1 本校社会科が考える教科の本質と実現したい生徒の学ぶ姿

『新学習指導要領』では，中学校社会科の目標において，育成を目指す資質・能力を柱書にて以下のように示している。

> 社会的な見方・考え方を働かせ，課題を追究したり解決したりする活動を通して，広い視野に立ち，グローバル化する国際社会に主体的に生きる平和で民主的な国家及び社会の形成者に必要な公民としての資質・能力の基礎を次のとおり育成することを目指す。　　（下線は筆者）

また，『新解説』にある「よりよい社会の実現を視野に課題を主体的に解決しようとする態度」という社会科で育成する資質・能力を養うためには，教師が単元で生徒に獲得させたい社会的な認識をもちながら，授業の中で「心理的没頭」を生み出すための仕掛けが必要になる。その授業の中で社会的な見方・考え方を働かせて，社会科における資質・能力を育んでいくために，本校社会科では，教科の本質を次のように定義した。

> 社会科は，社会科学的思考の繰り返しを通して，持続可能な社会の創り手を育てる教科

本校社会科として「社会科学的思考」と「持続可能な社会の創り手」を以下のように捉え，教科の本質を定義している。

- 社会科学的思考…社会的事象について抱いた課題に対して立てた仮説を事実や根拠に基づき追究，修正，反証していく中で，試行錯誤しながら自己の内面と向き合い納得解や最適解を見いだしていく思考。「社会科学的思考」を通して，合理的判断することで，公民としての資質・能力が育成される。延いては，持続可能な社会の創り手を育てることになり，「社会科の本質」に迫る授業づくりであると考える。
- 持続可能な社会の創り手…公民としての行動＝社会参画すること。

そして，次のような生徒の姿を目指し，授業を実践してきた。

- 個における考え方の対立や拮抗状態の中で，他者との対話，諸資料と向き合うことで，当たり前と思っていることを問い直したり捉え直したりしている姿（知識観の転換）。
- 社会的事象に対して抱いた課題を，自分の力で批判的に解釈・評価している姿。
- 時間をかけて深く考える中で，問題意識を持つことだけに留まるのではなく，社会科学的思考を繰り返しながら，課題解決を見いだそうとしている姿。

2 「学びの深まり」を生み出すための授業づくりにおける工夫点

(1) 社会科で「よりよい社会の実現」の基礎を培うこと

社会科は，よりよい社会の実現のために必要な主体的な態度を育成する中心的な役割を果たしていく必要があると考える。そのため，単元のまとめには社会的な事象を題材とした挑戦的な評価課題を多く取り入れている。

例えば，2年生の「日本の諸地域〜関東地方〜」の授業で「企業訪問での質問事項を提案しよう」という課題がある（『附属横浜中』(2018)）。これは，関東地方を人口や都市・村落を中核とした考察をする際，人口や労働に関する諸資料を読み取っていく中で抱いた疑問を解決するために，実際に学年行事として訪問する企業で調査活動をして，実態の把握をする取組を行うことにした。こうした活動を通して，各教科の学びが密接に結び付く有用感を得られるハブ的な役割を果たしていけると考える。

(2) 学びの充実度・思考の変容を意識するための取組

　各学年において，単元における「学びの履歴（学びの充実度・思考の変容）」を実感させるために，その単元での見方・考え方を働かせるためのワークシートの工夫に取り組んでいる。単元の課題に対して仮説を立てたり，他者の意見による自分の思考の変容が記録できたりする教材づくりの工夫をしている。

　例えば，3年生では「深化シート」を活用し（『附属横浜中』(2017〜)），授業で設定した単元を貫く課題に対し，導入における自分の考えがどのように深まっていくのかを自覚できるようにしている。また，今までの学びとのつながりや他教科の学びと関連させることで，学びを有機的に結び付けるツールとなる。今年度は3種類の付箋を使って，自分の思考を可視化する「深化ボード」の取組を始めた。2つの取組を丁寧に積み重ねること，とりわけ思考する経験を繰り返すことにより，社会科の本質をより豊かに捉えることにつながり，さらには教師のカリキュラム評価にもつながると考える。

(3) 課題解決に向かう本質的な問いの設定

　社会的事象の意味を捉え，単元全体の学習課題を追究していくためには質の高い吟味された問いが必要である。そのために本校社会科では，単元を通して，また一時間一時間，社会的事象の意味，価値を考えさせる吟味された本質的な問いを設定している。そこには，教師の明確な教科観や指導観に基づいた単元構成をするだけでなく，社会的な事象の特色や相互関連，意味を考え，教師も単元を構成する際に生徒と一緒に課題を追究していきたいと思える題材を『教材化』していけるようにすることが重要である。

3　実践の成果と今後への課題

　昨年度の実践から，教師自身が真剣に単元や教材と向き合い，試行錯誤してカリキュラムをデザインすることが生徒の質の高い資質・能力の育成につながることが明らかになっている（『附属横浜中』(2018)）。そして，今年度の実践から，「深い学びへ導く授業」を実現するためには，社会科としての『単元を貫く本質的な課題（＝問い）』の設定が何よりも重要であることを確認した。これからも教科の本質を意識しながら，教師自身が真剣に単元と向き合い，試行錯誤しながら「教材化」を目指し授業を実践していくことで，質の高い生徒の資質・能力の育成につなげていきたい。

　課題は，「正解のない」納得解や最適解を見いだす課題解決学習など，資質・能力ベースの授業を追究すればするほど，「学年」や「教科」，「分野」の枠組みは見えにくくなるということである。だからこそ，各学年で育成する生徒の姿とともに，教師が描く「深い学び」を目指している生徒の姿と生徒自身が「学びの深まり」を自覚していることが共有できるように今後も追究していきたい。

● 第2部／「世界の諸地域 アフリカ州」・1年生

社会科実践例①

1 単元で育成したい社会科の資質・能力
〔目指す生徒の学ぶ姿〕

　世界の諸地域について，空間的相互依存作用や地域などに着目して，その地域に見られる地球的課題を，多面的・多角的に考察し，それらを基に議論したりする力
〔アフリカ州の地域的特色を理解して，日本とアフリカ諸国が互恵関係を構築していく上で必要なことを，貿易関係や人口移動による人々の協力の視点から考え，仲間との話し合いによって深めようとする姿〕

2 単元について

　本単元では，主たるテーマを「日本とアフリカがWin-Win（互恵関係）を構築していくためには，何を考える必要があるのか」とし，アフリカ州の産業や社会の特色を，日本とのつながり（主に貿易関係）に着目して，捉えさせることをねらいとした。また，アフリカの課題解決に向けた取組を，アフリカ側と日本側の両方の視点から考えられるようにした。そして，自分の考えだけではなく，他者の考えを聞くことや他者との議論を通して，今後の日本とアフリカとの関係を考え，アフリカ社会の理解を深められるようにした。資料の読み取りなど，他の州の学びを通じて得た技能を活用して，地域の特色を捉えること，課題について個や集団で思考することなどの経験を生かし，議論を通じて，持続可能な社会（未来）の創り手となる意識を育てるようにした。

3 単元の学びを支える指導事項
　　（◎特に身に付けたい指導事項，・機能的習熟を目指す既習事項）

◎貿易関係を中心にして，日本とアフリカ州との結び付きやアフリカの経済支援に関わる課題について多面的・多角的に考察し，表現したり，議論したりすること。

・調査や諸資料から，各州の人々の暮らしや産業について，情報を効果的に調べまとめること。

4 学びの実現のための指導の工夫
（1）教科の本質への迫り方

　日本とアフリカとのつながりについて，今日的な課題として，日本が主導するTICAD（アフリカ開発会議）を取り上げ，各自が今までもっていた知識やイメージを広げ，新たな問いを見いださせる。それによって，意欲的に追究する態度が育ち，社会科学的思考を繰り返す基礎を養うことができると考える。

（2）「見通す・振り返る」学習活動

　日本とアフリカの互恵関係の構築をテーマとして掲げ，それを常に意識させる。グループやクラスでの議論を通じて考えを深め，自分の考えがどのように変化したり，影響を受けたりしたのかを，生徒自身が意識できるようにする。そのために，グループ活動後に，必ず新たな気付きや疑問をプリントに記述させる。そして，再び課題に取り組ませることで，より深い学びにつながる。

（3）実践場面の設定

　アフリカと自分たちの生活とのつながりを知ることで，生徒は課題の有用性を感じることができる。また，アフリカの課題の解決方法を，双方にとって有益となるように考える際，外務省やJICAが発行した資料を根拠とすることで，客観性をもった意見を基に議論させることができ，生徒が新たな疑問を生成することにも生かすことができる。

5 授業の実際

この単元の導入として、アフリカ州に対するイメージを広げるために、外務省が発行しているリーフレット「日本とアフリカ」を生徒用パソコンにダウンロードさせ、中心の資料として活用した。この資料を用いたことにより、貿易関係において、カカオ豆以外にも、タコなどの海産物やその他の農作物、レアメタルなどの地下資源を、日本が輸入していることを知ることができていた。また、アフリカ州をイメージする共通のキーワードとして、「発展途上国」があげられたが、東日本大震災時にアフリカ州からも経済的な支援があったことを知った生徒たちは、驚いた様子であった。

次に、改めてアフリカ州について、基礎知識を整理するために、アフリカ州の自然環境や人口などについての調べを行った。しかし、「アフリカ州の人々の暮らしや生活がなかなか見えてこない」という意見が多かったため、生活や経済をキーワードとし、日本との貿易にも着目させながら、各自が一つの国について調べ、グループで交流する活動を行った。その結果、教育が不十分な国があること、鉱物資源が豊かな国は貿易の結び付きが強いこと、アフリカ内でも貧富の差が激しいことなどが、生徒の新たな気付きとして得られたことを、ワークシートの記述から確認できた。

そして、日本との互恵関係の構築を考えるために、TICAD Ⅵの結果を資料で確認し、アフリカ州の課題について、再度調べ直しをした。このとき使用した中心資料として、外務省の資料に加えて、「JICAのアフリカ支援」というリーフレットもインターネット上から用いて使用した。また、TICAD Ⅵで示された視点を、中学生にもわかるように示したことで、生徒たちは、医療・インフラの整備・農業の産業化に焦点を当て調べることや、話し合うことができていた（図1）。この時の生徒の話し合いのメモを見ると、「まずは農業を仕事にした方がいい」とあり、その生徒の授業での発言は、農業が生活を支える上での仕事になっていない点を指摘するものであった。また別な生徒は、インフラの整備がすべてのベースとなるという考えを図で示していた。その他にも、医療の面を考えた生徒の多くは、物資や施設の支援、人材の支援も必要であるが、医療を受けるアフリカの人々の意識にも課題があることを発見することができていた。

図1 話し合い後にまとめている様子

最終的に生徒は、アフリカ州のどの課題に対しても、人材育成が必要であると感じ、教育などの重要性に気付く生徒が多くいた。

> 「話し合ったところ人材育成というキーワードが出ていたし、最初の自分の考えにも書いた通り、まずは知恵や技術を教えなければ何もかもが上手くいかない。」

このように、生徒は、話し合いを通じて得た新たな気付きを基に、自身の意見をまとめることができていた。

●参考文献

外務省（2017）『日本とアフリカ』
JICA（2016）『JICAのアフリカ支援』

（山本　将弘）

[資料]　資質・能力育成のプロセス（8時間扱い）

次	時	評価規準 ※（　）内はAの状況を実現していると判断する際のキーワードや具体的な姿の例	【　】内は評価方法 及び Cの生徒への手だて
1	1－2	知　アフリカについて日本とのつながりを基にして，知識を身に付けている。（○） 態　日本とアフリカのつながりについて，資料から多くの情報を主体的に得ようとしている。（○） 態　単元のテーマを考えながら，アフリカについて，知識を整理し，意欲的に追究しようとしている。（○）	【クラス全体での発表】 C：必要に応じて，小グループでの確認の時間を確保する。一問一答形式で，必要な知識を確認させる。 【ワークシートへの記述の確認】 C：数値で判断できる資料の読み取りを指導する。 【ワークシートへの記述の確認】 C：日本とアフリカのそれぞれのメリットを個別に考えさせる。
2	3－4	知　アフリカ州の国を一つ選択し，資料を基にして，人々の暮らしや日本との貿易について，まとめることができる。（○） 知　日本とアフリカの貿易関係を中心に，資料を読み取り，課題やそれに対する取組についてまとめられている。（◎） （A：それぞれの取組について整理し，有用な情報を適切に選択している。）	【ワークシートへの記述の確認】 C：選んだ国について，産業に着目させ，人々のくらしにつなげられるように指導する。 【ワークシートへの記述の分析】 C：先進国が行うアフリカの支援のみではなく，アフリカ自身のオーナーシップに基づく取組に目を向けて，資料を探せるよう支援する。
	5	知　資料から読み取った情報を適切に選択し，グループやクラスでの発表において，効果的に示せている。（○） 思　調べたことや発表を基にして，アフリカ州の発展について，多面的・多角的に考えられている。（○）	【小グループでの発表，クラス全体での発表】 C：ポイントが整理できるような質問を，他の生徒にさせたり，机間指導したりする。 【小グループやクラスでの話し合い】 C：アフリカの人々の立場で，より生活を豊かにすることを考えさせる。
3	6－7	知　自分の意見をつくる上で，必要な情報を調べ適切に選択している。（○） 思　調べた内容や話し合った内容を基に，根拠を示して，自分の意見をまとめられている。（◎） （A：TICADにおいて，話し合われるべき課題について，既習事項を踏まえて多面的・多角的に考察している。） 思　各自の発表を基にして，日本とアフリカの今後の関係について考えられている。（○）	【ワークシートへの記述の確認】 C：新たな疑問や気付きについて整理させたり，他の生徒の疑問を提示したりする。 【ワークシートへの記述の分析】 C：自分一人の考えに固執していないか，アフリカの人々の立場で考えたらどうなるか，考えさせる。 【グループ内での話し合い・クラス全体での発表】 C：各グループが発表した内容を自分の意見と比較させる。
	8	態　今後の日本とアフリカの関係について，自分の考えをまとめている。（◎） （A：既習事項を踏まえて，意欲的に追究し，自分の考えをまとめることができている。）	【ワークシートの記述の分析】 C：これまでの学習活動でキーワードとなったことを振り返らせる。

○は主に「指導に生かすための評価」，◎は主に「記録するための評価」

主たる学習活動	指導上の留意点 ☆：「深い学び」を生み出す工夫	時
・アフリカのイメージを記述し，共有する。 ・ワンガリ・マータイさんのエピソードや，東日本大震災に対するアフリカ各国からの支援について知る。 ・外務省発行のリーフレット「日本とアフリカ」を中心資料とし，日本とアフリカのつながりを調べる。 単元のテーマ 「日本とアフリカが Win-Win な関係（互恵関係）を構築していくためには，何を考える必要があるのか」 ・アフリカ州がどのような地域であるか，自然環境や歴史的な背景を踏まえて知る。	・現時点で，各自が身に付けている知識を整理できるように促す。 ☆日本とアフリカのつながりについて，新たな気付きをもたせ，身近に感じさせることにより，主体性を引き出せるようにする。 ・資料から有用な情報をより多く引き出せるように指導し，生徒自身が新たな発見をすることや知識の再確認ができるように指導する。 ・テーマを意識させた上で，改めてアフリカ州がどのような地域であるか，興味をもたせ，知識を整理させる。	1 ― 2
・アフリカ州の概略からより深めるべきテーマを探る。 ・アフリカ州のいくつかの国について，生活や産業，日本との貿易について調べる。 ・グループで調べたことを交流し，アフリカの多様性を考える。 ・日本とアフリカの貿易関係について，課題やその取組について調べる。 ・調べたことを，グループ，クラスで共有する。 ・TICAD について学習する。	・アフリカ州の人々のくらしに着目させる。 ・どのような資料が適切か，何を整理するべきか，指導する。 ・グループでの発表が，単なる発表で終わるのではなく，より分かりやすくするためには，どのような資料や調べが必要か気付かせ，新たな疑問や気付きにつながるよう指導する。 ☆自分が伝えたい内容の根拠となる資料を選ばせ，発表の中で，TPC を使って周囲に示せるよう指導する。	3 ― 4
・これまでの学習で調べたこと，考えたことを基に，アフリカ州が今後どのように発展していくべきか（日本との関わり方など）を話し合う。 ・日本にとって，アフリカと関係を持つ意味を考える。 ・挑戦的な評価課題を確認する。	☆出された意見を可視化し，比較し，問い直したりすることで，生徒の新たな疑問や気付きにつなげる。 ・自分たちの取り組む課題が，社会とどのようなつながりをもつのか意識できるようにする。	5
【挑戦的な評価課題】 「2019 年の TICAD（アフリカ開発会議）において，話し合われるべき課題は何だと考えるか，根拠を示して自分の意見をだそう。」 ・課題に向けて，再度個人で必要なことは調べて，各自の意見をまとめる。 ・グループで各自の意見を発表し，話し合って，何を話し合うことが，今後の日本とアフリカの関係において重要かを深める。	・自分の主張をするために，有用な情報を適切に選択できるようにし，根拠をもたせる。 ☆各自の意見を主張し合うのではなく，各自の考えを基にして，よりよい方向をさぐる議論となるように支援する。	6 ― 7
・班での議論の結果をクラス全体で共有する。 ・今までの学習活動を振り返り，単元のテーマについて考えたことを記述する。	☆単なる振り返りや単元のまとめの記述になるのではなく，新たな気付きや得た知識，自身の成長などを意識させられるように，ワークシートを工夫し，様々な視点で記入をさせる。	8

● 第2部／「私たちと民主政治（地方自治）」・3年生

社会科実践例②

1 単元で育成したい社会科の資質・能力
〔目指す生徒の学ぶ姿〕

地方自治に関する課題を多様な視点で捉え，将来の有権者として自分の考えを表現する力

〔経験則や論拠，公正など現代社会の見方・考え方を働かせ，対話や試行錯誤を繰り返す中で，深い認識に基づいた説得力や主張を構築し，これからの社会の主権者として学んだことをよりよく生かそうとする姿〕

2 単元について

本単元を貫く課題として「2030年，弘明寺が活気ある地域であり続けるためには」を設定した。このような，地域に関する問いに対し，見通しをもって学習に取り組むことを通して「主体的な学び」となるよう工夫した。

本単元の学習を進めるにあたり，中学1年次の総合的な学習の時間において，本校生徒の通学路にもなっている弘明寺商店街についての調査活動を行っている。また2年次には，「日本の諸地域〜関東地方〜」で，「2030年」というキーワードのもと，人口減少・少子化の要因が都市部と地方の二重構造であるという課題を追究してきた。その中で，校外学習で都内にある企業を訪問し，諸課題について各企業がどのような取組を行っているのか調査してきた。

本単元の中で，これまでの学習や経験してきたことを自然とつなげることができるように単元をデザインしていきたい。そして，今回の学習課題は，答えが明確に定まらない「市民としての願望」を軸に据えている。だからこそ，これまでの学習を生かし，対話的・協働的に最適解を導き出させようにしたい。

3 単元の学びを支える指導事項
（◎特に身に付けたい指導事項，・機能的習熟を目指す既習事項）

◎地方公共団体の政治に関する関心を高め，それを意欲的に追究し調査を行い，将来の有権者として，民主的な政治参加について考えようとすること。

・地方公共団体の政治に関する様々な資料を収集し，有用な情報を適切に選択すること。

4 学びの実現のための指導の工夫
（1）教科の本質への迫り方

民主政治と政治参加に関する課題を追究する中で，現代社会の見方・考え方を働かせ，対話や試行錯誤を繰り返し，深い認識に基づいた説得力のある主張を構築できるようにする。そして，主権者として学んだことをよりよく生かそうとする力を身に付けさせる。社会認識を基盤として思考し，合理的判断をする中で，その地域で生活する市民としての資質が養われる。そうすることで，確かな社会認識を形成し，持続可能な社会の創り手としての資質の育成にもつなげられると考える。

（2）「見通す・振り返る」学習活動

単元における学びを見通す，振り返るために「深化シート」を使い，単元を通して自分の考えがどのように深まっていくのか自覚できるよう工夫している。そして，個々の思考や変容を他者と比較して自覚しやすくする為に「深化ボード」を併用している（図1）。深化ボードを使用し，生徒の心の働きを付箋の色で使い分けることで可視化し，戸惑いの見られる生徒への手立てを講じたり，各クラスの学びの深まりの状況に応じて，授業プランを変更したりするようにした。

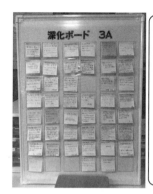

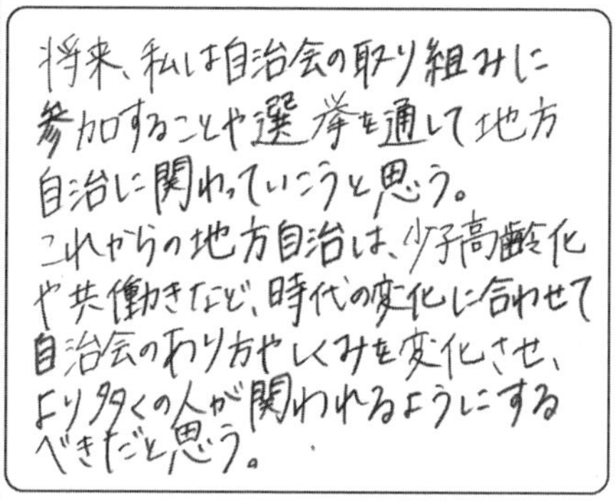
将来、私は自治会の取り組みに参加することや選挙を通して地方自治に関わっていこうと思う。
これからの地方自治は、少子高齢化や共働きなど、時代の変化に合わせて自治会のあり方やしくみを変化させ、より多くの人が関われるようにするべきだと思う。

図1　深化ボードと生徒が付箋に書いた記述

（3）知識・技能の構築

これまでの学習を生かし，最終的に持続可能な社会づくりのためにできる方法を合理的に判断させ，市民としての資質の育成につなげたいと考える。そして「2030年」というキーワードのもと，人口減少・少子化の要因が都市部と地方の二重構造であるという課題を追究してきた昨年度の学習とのつながりに気付かせ，学びをつないでいけるようにする。

5　授業の実際

本単元の学習では，南区の統計を調査することから始めた。統計からは数多くの情報を得ることができたが，中でも老年人口の割合が26.7％であること，高齢化指数が横浜市の中で１位であるという事実について考えている生徒が多く見られた。それは地理的分野の学習で得た「高齢化が進む＝商店街が衰退する地域が多い」という経験則から「なぜ，高齢化の進む弘明寺には活気があるのだろうか」という疑問を抱いていたからである。単元の中心となる問いを生徒たちの力で設定できたことは，単元の見通しを明確することにつながったと言える。

その後，単元を貫く課題に対し，自らの仮説を基に校外に出てインタビュー調査を行った。その中でこれまでの学習が生徒の中で自然とつながり，課題解決に没頭している姿を多く目にした。深化シートには図2のように，一人の市民として自分はどう地域と関わっていくべきなのかを整理して考える姿を見取ることができた。この姿こそ，今年度定義した「教科の本質」ではないかと感じた。有権者に比べ中学生に与えられた権利は限られている分，本単元の学習を通して，主体的な態度を育めたのではないかと感じた。

将来どの地域で生活したとしても，自発的に参加をしていくという地方自治の根幹にある重要性に変わりはない。今後も現代社会の見方・考え方を働かせて主体的に社会の諸課題と向き合っていくことで，民主政治の担い手としての自覚を育みたい。

（田川　雄三）

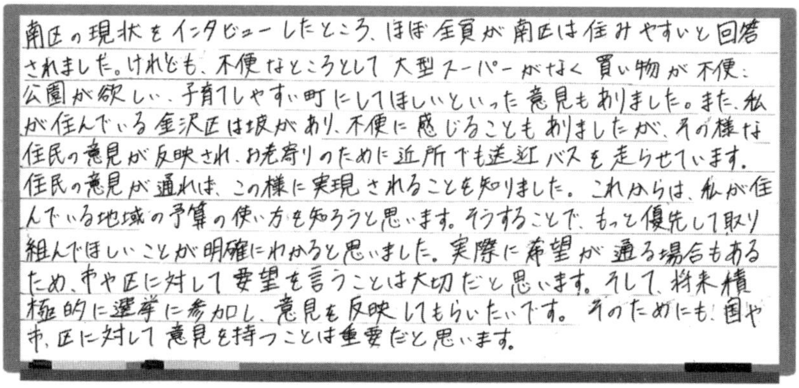
南区の現状をインタビューしたところ、ほぼ全員が南区は住みやすいと回答されました。けれども、不便なところとして大型スーパーがなく買い物が不便、公園が欲しい、子育てしやすい町にしてほしいといった意見もありました。また、私が住んでいる金沢区は坂があり、不便に感じることもありましたが、その様な住民の意見が反映され、お年寄りのために近所でも送迎バスを走らせています。住民の意見が通れば、この様に実現されることを知りました。これからは、私が住んでいる地域の予算の使い方を知ろうと思います。そうすることで、もっと優先して取り組んでほしいことが明確にわかると思いました。実際に希望が通る場合もあるため、市や区に対して要望を言うことは大切だと思います。そして、将来積極的に選挙に参加し、意見を反映してもらいたいです。そのためにも、国や市、区に対して意見を持つことは重要だと思います。

図2　単元の終わりに書いた記述

[資料]　資質・能力育成のプロセス（9時間扱い）

次	時	評価規準 ※（　）内はAの状況を実現していると 判断する際のキーワードや具体的な姿の例	【　】内は評価方法 及び Cの生徒への手だて
1	1-2	態　身近な地域の強みや課題について，意欲的に追究している。（○） 思　諸資料から，南区の状況について多面的・多角的に読み取った内容をまとめている。（○） 知　地方自治のしくみや制度，住民に与えられた権利について理解している。（○）	【小グループ内での共有・話し合い，発言の確認】 C：自分の考えを積極的に仲間へ伝えたり，意見を出したりするよう促す。 【ワークシートへの記述の確認】 C：ワークシートで一緒に確認し，資料が読み取れているか支援する。 【ワークシートへの記述の確認】 C：ワークシートで一緒に確認し，資料が読み取れているか支援しながら，基礎的な事項について確認させる。
2	3-5	思　南区に関する資料を適切に読み取り，収集した情報を基に，アンケート作成についての話し合いをすることができる。（○） 態　商店街でのアンケート調査を，調査したデータと比較しながら意欲的に実施している。（○）	【小グループ内での共有・深化ボードの確認】 C：自分の考えを積極的に仲間へ伝えたり，意見を出したりするよう促す。 【アンケート調査の観察】 C：アンケート調査を通して，共通した意見を確認して，メモさせる。
	6-7	思　資料の読み取りとアンケート調査の考察から，南区の特色についてまとめている。（◎） （A：南区の特色について既習事項を踏まえて多面的・多角的に考察している。） 知　横浜市と南区の歳入と歳出に関する資料から，その特徴を読み取っている。（○）	【ワークシート（深化シート）の記述の分析】 C：学習活動全体を振り返り，何が理解できて何が分からなかったのか，具体的にして記述するように促す。 【深化ボードの確認】 C：資料が読み取れているか確認し，支援する。
3	8-9	態　南区の特色を理解し，区に提案する政策を考えようとしている。（◎） （A：既習事項を活用して多面的・多角的に考えようとしている。）	【ワークシートの記述の分析】 C：既習事項を振り返りながら，自分が区に提案してみたいことを中心に考えるよう促す。

【生徒に獲得させたい認識】
　自分たちが関わる地域をよりよいものにしていくために，地域の強みや課題，三者（首長・議会・住民）の関係性，直接請求権など私たちに与えられた権利がある。一方で，使える予算には限界がある。地方自治に関するこのような制度や権利を理解したうえで，よりよい地域にするために，これからも自分たちと関わりのある地域に関心をもつことが大切である。そして，将来どのような地域に暮らしたとしても，与えられた権利を活用し，限られた予算の中でよりよい地域をつくるために自分から積極的に自治に関わらせたい。将来にわたって誰もが暮らしやすい地域をつくっていくためには，生徒一人一人が積極的に地方自治に参加し，施策の優先度を考え，知恵を出し合っていくことが必要である。

○は主に「指導に生かすための評価」，◎は主に「記録するための評価」

主たる学習活動	指導上の留意点 ☆：「深い学び」を生み出す工夫	時
・弘明寺のイメージを記述し，共有する。 ・全体の意見から学習課題を設定し，仮説を立てる。 【課題】 なぜ高齢化が進む弘明寺には活気があるのだろうか ・南区統計資料を基に，南区の現状について調べ，それぞれ発表し，その内容を全体共有する。 【単元を貫く課題】 2030年，弘明寺が活気ある地域であり続けるためには ・南区の課題を解決していくためにはどのような方法があるのか，深化シートに各自記入する。	・これまでの生活の中での関わりを引き出すように発問する。 ・生徒の経験則，資料の読み取れたことを使い，南区の説明を行わせる。 ☆単元を通して，考えの変容・深まりを記録できるワークシート（深化シート）を配布する。 ・あえて「活気ある」という曖昧な表現にすることで，「誰に」とってなのか，立場を考えさせられる問い直しを心がけ展開していく。	1 ― 2
【課題】 弘明寺が活気ある地域にするために，どのような学習をしていけばよいのだろうか ・弘明寺の地域にアンケート調査を行うために，アンケートを作成する。 ・弘明寺の地域でアンケート調査を行い，市民の声を調査する。 ・それぞれがインタビューしたことをクラスごとにまとめ，他クラスの意見を見ながら情報をまとめる。	☆単元を貫く課題をさらに意識させるために，教師からの一方的な提示にならないように，生徒の発言をつなぎながら課題を設定する。 ・統計資料の読み取りと市民への調査内容に関わりが出てくるようなアンケートを作成するよう促す。 ・小グループで話し合いながら，調査活動の準備ができるよう指示する。 ・ただ情報をまとめるのではなく，クラスや学年として有効な情報が共有できるよう促す。	3 ― 5
・統計からわかった南区の現状と市民の声から南区の課題改善策を考える。 ・実現するための方法を「効果・影響の大きさ」と「取組にかかる労力」の観点で分類し，マトリクス図にまとめる。 ・横浜市と南区の財政について調べ，財政の特色について資料から読み取る。	☆南区の課題に注目させながらも，改善策を実現させるための方法についての話し合いを進めていけるように指示する。	6 ― 7
【挑戦的な評価課題】 　あなたは附属横浜中（以下，Fy）の3年生。社会科の授業で南区・弘明寺という地域の現状についての学習し，調査活動を行ってきました。そこで，『2030年，弘明寺が活気ある住みやすい地域』になることを目指して，南区の「みなみ・ちからアップ補助金」に企画を提案することになりました。これまでの学習してきた南区の地域の課題も踏まえ，実現可能性があり，持続可能な企画（活動や制作物など）を提案しなさい。この提案をすることで，Fyと弘明寺という地域の関わりが増え，Fy生が弘明寺という地域に貢献できていると感じられる取組を実現させましょう。 ・限られた予算のなかで，実現可能な改善策を考え，そのための具体的な政策を個人で考える。 ・それぞれが考えた改善策を実現するために，社会的事象を根拠にした話し合いや発表，討論をする。 ・今までの学習活動を振り返り，単元を貫く課題について再構築された自分の考えを深化シートに論述する。	・話し合い活動を充実させるために，個人の考えを明確にさせておく。 ・ホワイトボードを使い，思考を可視化させる。 ☆深化シート全体を俯瞰し，学習の学びの深まりや思考の変容について注目させる。	8 ― 9

第2部 | 各教科の実践

実践例①～③

1 本校数学科が考える教科の本質と実現したい生徒の学ぶ姿

『新解説』で示された資質・能力に基づいて，本校数学科では教科の本質を「未知の事柄を論理的，統合的・発展的に考察し，また問題を解決する過程で役に立つ方法に着目して振り返る力」と捉えている。

本校では，この3年間『新学習指導要領』の改訂の方向性を意識し，数学科で実現したい学ぶ姿を「帰納的に仮説を立て，その仮説を既習事項を基に説明し，自らの学びを価値付ける姿」と定め，資質・能力の育成を目指して研究を行ってきている。その中で分かったことは，「知っている・できることをどう使うかを考える活動は，方法知の発見につながり『知識・技能』の構築に役立つ」「構築した『知識・技能』を自覚することは，生活や次の学習の礎になる」「数学的な見方・考え方を働かせる場面を適切に配置した単元構成は，生徒に自らの学びを自覚しやすくさせる」ことである。そこで今年度は，数学的な見方・考え方を働かせながら，それまでに身に付けた「知識・技能」を用いて試行錯誤をしていく過程において，どのような問い方や授業の展開がより深い学びを生み出すのかに着目し，それが実現できるような授業のあり方について，単元構成等を含めて考察していくこととした。

2 「学びの深まり」を生み出すための授業づくりにおける工夫点

（1）「深い学び」を味わえる試行錯誤を生み出す課題や発問

探究の過程において，結果や解決の方法を見通すことや，それらを振り返ることは数学的活動の中で重要な要素であると考える。見通す際には，解決までの道筋がすぐに見当がつく課題ではなく，試行錯誤をした後に道筋が見えてくるような課題を提示することで，どのような視点や考え方が必要となるか，意欲的に課題と向き合う契機とすることができる。そして，そのような課題に対し「自問」が生み出されるような発問をすることで，言語活動をともないながら主体的・対話的に取り組むことが促される。また振り返りの際には，個の思考の変容に着目することで，問題解決に有効に働いた視点や考え方を方法知として把握し，別の場面での活用が可能になることが期待できる。

例えば，2年生「三角形・四角形」の授業で「ルーローの三角形の性質とその利用」という課題がある（池田他，2018）。これは，模型を実際に転がしたり，動的数学ソフトウェアを用いたりしながら，ルーローの三角形の性質を帰納的に推測し，その性質を演繹的に説明した上で，その性質を活用した商品を考え，社会でどのように利用できるのか実感する活動である。この過程の中で，生徒自らが主体的に予想を行ったり，他者と対話的に関わっていろいろな考えや方法を比較し，話し合ったりする時間や場面を確保することで，目的意識をしっかりともって粘り強く課題と向き合い，最適解を模索したり新たな問いを生成したりしていく「深い学び」を追究していく姿の育成が図られると考える。

（2）振り返りの視点を広げる

数学的な見方・考え方を働かせる機会を意図的に設定することが重要であり，他教科の学習を

通しても，数学的な見方・考え方も更に豊かなものになる（『新解説』）。この実現のために教科でできることは，論理的，統合的・発展的に考える機会を増やし，学びの振

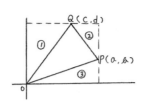

図1　統合のよさやポイントをまとめた生徒の記述

り返り方を方法知まで広げることであると考える。例えば，図1において，$\triangle OPQ = \frac{|ad-bc|}{2}$ が成り立つことを示したのち，PやQを動かし $\triangle OPQ$ を変形させた場合も同様の説明ができるかを考えさせることで，統合の視点に気付くことができる。

（3）「見方・考え方」を働かせる場面の設定を計画的に行う

単元を構想する際には，根拠に基づいて論理的に考察させる場面を適切に配置することを大切にしたい。

例えば，3年生の授業で「連続整数の秘密を探る」という課題がある（『附属横浜中』(2018)）。これは $3^2+4^2=5^2$ や $10^2+11^2+12^2=13^2+14^2$ のように，連続奇数個の自然数における平方和が等しくなる場合を帰納的に推測し演繹的に証明していく内容で，条件を発見する方法や条件を整理し仮説としてまとめる考え方，仮説を証明する方法等の共有を通して，論理的に考えることの大切さが実感できる活動である。そのためには，両辺が等しくなることの証明方法や帰納的な思考と演繹的な思考の違いを事前に指導しておく必要がある。前者は単元の中で，後者は1年次からの継続的な指導が必要となるので，教師は教科で育成したい力を，3年間での流れと単元内での流れを両方とも見通して構想することが大切であると考える。

3　実践の成果と今後への課題

今年度は「学びが深まるプロセスを生徒が体験できる授業」について，昨年度までの研究を踏まえ実践してきた。その結果，教師が単元で獲得させたい「知識・技能」や働かせたい見方・考え方を念頭に入れて単元構成や課題を計画すること，その獲得のためには機能的習熟（『附属横浜中』(2016)）を図っていくことが効果的であると改めて確認することができた。また，有効に働いた視点や方法，その意義等を，試行錯誤しながら課題解決を目指していく過程で気付かせたり，実践後にまとめさせたりすることが，新たな「知識・技能」の構築に役立つことも見取ることができた。実践後の生徒の発言や記述等からも，「帰納的な方法は性質を推測することはできるが，その性質の根拠にはできない」「一般化はすべての場合を一度に表す方法で，新たな公式が作り出せる」等，新たな視点や方法が実感されて学びを深めている様子がうかがえる。

今後は，生徒に獲得させたい「知識・技能」をどのような課題でどのように問うのが適切か，自らの学びを価値付けるための有効な振り返り方をどのように計画すべきか等を，生徒の実態に即して洗練させていくことを追究していきたい。

●参考・引用文献

池田純・吉田大助（2018）「数学的な見方・考え方を育むカリキュラムの構想」，日本数学教育学会誌臨時増刊第100巻，p.364

● 第2部／「比例・反比例のグラフの面積」・1年生

数学科実践例①

1 題材で育成したい数学科の資質・能力
〔目指す生徒の学ぶ姿〕

帰納的に見いだした仮説を，演繹的に説明する力
〔比例・反比例のグラフに関する2つの面積が等しいことを帰納的に見いだし，図形の性質や文字を使用するなどして説明する姿〕

2 題材について

試行錯誤する中で見いだした仮説を説明したり，仮説を見直したりする力は，教科の枠を超えて生徒の学力を支える力となると考える。このような力を数学の授業を通して育むために「帰納的に発見した規則性や共通点を仮説とし，根拠をもって説明する」ことを大切にしたい。

本題材「比例・反比例のグラフの面積」は，〔第1学年〕C（1）アにあたり，比例や反比例のグラフで，比較対象となる2つの図形を帰納的に調べることで$S_1=S_2$という仮説を見いだし（図1），説明する内容である。説明する際には，特殊な場合だけでなく，すべての場合について説明する必要がある点に注意し，普遍的な性質や文字の一般性などを根拠として演繹的に説明することを意識させたい。

3 題材の学びを支える指導事項
（◎特に身に付けたい指導事項，・機能的習熟を目指す既習事項）

◎図形の性質や文字を使用するなどして，演繹的に仮説を説明すること。

・座標の意味，比例，反比例を理解し，比例，反比例を表，式，グラフなどに表すこと。

4 学びの実現のための指導の工夫
（1）教科の本質への迫り方

文字を用いることで数量を一般的に表せること，自明や証明済みの性質を根拠として説明することなどを，3年間を通して適切に配置することで，「根拠をもって仮説を説明する」力が身に付き，その必要性を実感できると考える。

（2）実践場面の設定

規則性や共通点を探る課題は，生徒の学習意欲を向上させ，主体的に学習に取り組む姿を生み出す大きな要素といえる。本題材は比例定数や点A，Bの位置によらず面積が等しいことを帰納的に見いだし，それを説明する方法を協働的に考える場面を設定することで，一般化する方法やそのよさの実感へと導くことができると考える。

（3）知識・技能の構築

題材や単元の終末期に，学習の過程で有効に働いた「見方・考え方」を言語化させることで，問題解決に役立つ視点や考え方が生徒の中で自覚され，蓄えられていくと考える。その際，知識・技能の対象を内容だけでなく方法も含めることで，生徒の中に蓄えられる

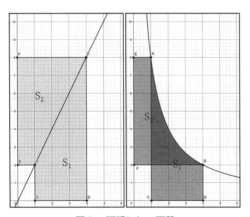

図1　証明したい面積

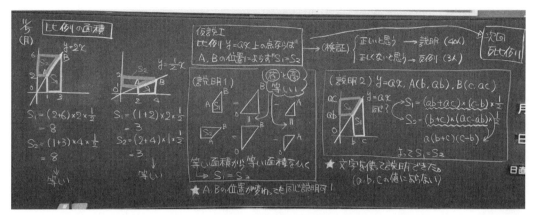

図2 1時間目の板書

知識・技能が教科の枠を超えて学力を支える力になると考える。

5 授業の実際（2時間扱い）

1時間目は，まず比例 $y=2x$ 上の点を $(2, 4)$, $(4, 8)$ として，面積 S_1, S_2 を求め比較した。その後，比例定数やA，Bの座標を変更して試した例を発表させた。生徒たちは，自然と $S_1=S_2$ になる理由を考え始めていたので，本時の課題を仮説I「比例 $y=ax$ 上の点ならば，A，Bの位置によらず $S_1=S_2$」を検証することにし，課題を共有した。「仮説が正しいと思うか正しくないと思うか，検証を行う上での自分の立場を決め，正しいと思う場合は説明し，正しくないと思う場合は反例を挙げる」と，検証の方針を確認した。その後，個人で考察し，次に班，全体の順で共有した。この時点では，図2の説明1しか出てこなかったので，「面積を直接計算し比較できないか」と問いかけ，説明2を引き出した。最後に「説明1は点の位置が変わっても同じ説明ができること」，「説明2は文字を使い，一般性があること」を共有した。

2時間目は，最初に本時の課題「前時の仮説Iの『比例』を『反比例』に変更しても同様の仮説が成り立つかの検証」を示した。検

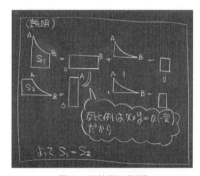

図3 反比例の説明

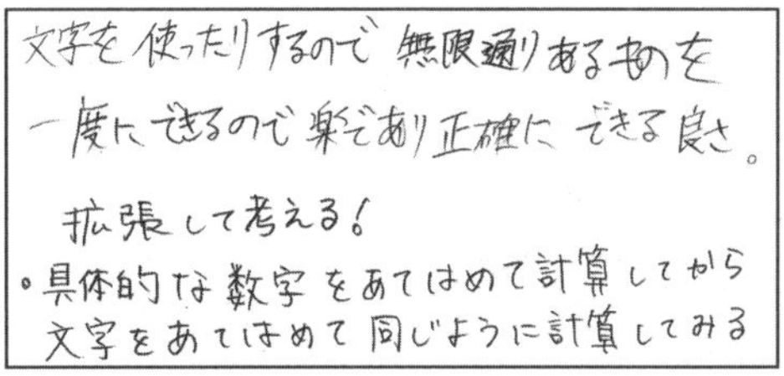

図4 仮説を検証する際に有効な方法

証の対象となる仮説II「反比例 $y=\dfrac{a}{x}$ 上の点ならばA，Bの位置によらず $S_1=S_2$」を確認し，前時と同じ流れで行った。ほとんどの班が図3のように説明できた。最後に仮説を検証する際に有効な方法についてまとめさせた（図4）。すべての場合について説明する場合は，一般化すればよいことや一般化する際のコツについてまとめられている。

(関野　真)

[資料]　資質・能力育成のプロセス（5時間扱い）

次	時	評価規準 ※（　）内はAの状況を実現していると判断する際のキーワードや具体的な姿の例	【　】内は評価方法 及び Cの生徒への手だて
2	1	知　座標から得られる数量や，比例定数から得られる数量の意味を理解できる。（〇）	【行動・発言の確認】 C：横軸，縦軸が表している数量を確認させる。
		思　グラフから得られた情報を基に，解決する方法を考えることができる。（〇）	【行動・発言の確認】 C：2点のx座標の差やy座標の差が表す数量等の意味を考察させる。
	2 ｜ 3	思　変化の視点と対応の視点を基に，グラフの形状と関数の特徴を結び付けて考察することができる。（〇）	【行動・発言の確認】 C：グラフの形状が表す意味を考えさせる。
	4 ｜ 5	思　探究の過程で，結果や過程を振り返って考察を深めることができる。（◎） （A：仮説から検証まで論理的に説明できる。）	【行動・発言の確認】【ワークシートの記述の分析】 C：帰納的な思考，一般化の手法等を思い出せるように，過去のワークシートを参照するように促す。
		態　規則性から導き出した仮説に関心をもち，既習事項を用いて考えようとしている。（◎） （A：既習事項を用いながら，協働的に問題解決に取り組んでいる。）	【行動・発言の確認】【ワークシートの記述の分析】 C：課題から規則性を探らせることで，どのようなことが言えそうか考えさせる。

○は主に「指導に生かすための評価」，◎は主に「記録するための評価」

主たる学習活動	指導上の留意点 ☆：「深い学び」を生み出す工夫	時
【課題1】 移動の様子をグラフから分析しよう。 ・グラフが示す情報を読み取る。 ・グラフから表や式をつくる。 ・グラフから課題を解決する方法を考える。	・グラフの傾きが表す数量や座標の差が表している数量が何を表しているかを考えさせる。 ・グラフを用いることで，視覚的に求めたい数量のおよその大きさを捉えられることや解決の方法を探ることができることを実感させる。	1
【課題2】 図形の中に現れる変化を，比例を利用して解決しよう。 ・動点によってもたらせる変化を，変域ごとに表，グラフを用いて整理する。 ・グラフの傾き具合と変化の様子の関係性を基に，グラフの形状が示す意味を解釈する。 ・その中で比例関係である変域に注目し，式で表す。 ・比例，反比例以外の関数があることを知る。	・ICTを活用して動点の様子を捉えさせ，変化している要素が何かを考えさせる。 ・最初から式で表すのではなく，まずは表とグラフで全体の変化の様子を大まかに把握させる。 ・その中で比例関係となる部分があれば，既習の知識を生かして考察させる。	2 ― 3
【課題3】 比例のグラフ上の2点A，Bをx軸に下ろした垂線の足をC，D，y軸に下ろした垂線の足をE，Fとするとき，四角形ACDB=四角形FEABとなることを説明しよう。 ・y＝2xで具体的な座標をいくつか試して確認する。 ・比例定数もいくつか試して確認する。 ・個人→班で説明の方針を考える。 ・図形の性質を使って説明する。 ・一般化するために，文字を使って説明する。 ・全体で考え方を共有する。 ・有効に働いた考え方を記述する。 ・比例を反比例に変えても同様の仮説が成立するか考える。	・ICTを活用して，条件を色々変えて示す。 ・説明する方法を考える前に，帰納的に事実を捉えさせる。 ☆説明する方法を考えさせる際，文字を使って説明する方法や，既に確認済みの事柄を用いる方法があることを思い出させる。	4 ― 5

●第2部／「一次関数の利用」・2年生

数学科実践例②

1 単元で育成したい数学科の資質・能力〔目指す生徒の学ぶ姿〕

具体的な事象の中から関数関係を見いだし，それを根拠に未知の状況の予測に活用する力
〔事象を理想化・単純化して考察することから，一次関数と見なすことのできる関係を見いだし，未知の部分をグラフや近似式を活用して的確に予想し表現する姿〕

2 単元について

事象から2つの数量を取り出し，それらの変化や対応を調べて関数関係を見いだすことは，その事象の過去や未来を予想する際にとても有効に作用する。また実験により誤差が生じた場合や連続量でない場合でも，「見なす」ことで未知の値の予測が可能となる。

本題材「バケツリレーの時間を予想しよう」は，平成26年度全国学力・学習状況調査における「ウェーブの問題」（国立教育政策研究所，2014）をアレンジしたものである。「学年全員で行った場合は何秒かかるか」という未知の状況を問う課題を，見いだした一次関数の関係性を根拠に予測させるとともに，問題解決の際にどんな考え方をどのように活用したか的確に表現させることで，「用いるもの」と「用い方」の両方を意識した説明や論述ができるようになることを目指したい。そして「現実の世界」での事象を理想化・単純化して「数学の世界」で考察することのよさをより実感させたい。また本単元での学びが，事象を数理的に捉えて論理的に考察する力の発揮・活用や，事象を多角的・多面的に捉え考察する視点の育成へとつながり，TOFYをはじめとした他教科での学びにつながることを期待したい。

3 単元の学びを支える指導事項
（◎特に身に付けたい指導事項，・機能的習熟を目指す既習事項）

◎一次関数と捉えられる2つの数量について，変化や対応の特徴を見いだし，表，式，グラフを相互に関連付けて考察し表現する。

・一次関数を理解し，事象の中には一次関数として捉えられるものがあることを知る。

4 学びの実現のための指導の工夫

（1）教科の本質への迫り方

事象を理想化・単純化して的確に捉えたり，見いだした関数関係を根拠に説明を行ったりすることを，単元を貫いて適切に配置するとともに，振り返りでは文章にして表現することで，働いた「数学的な見方・考え方」の可視化を行うことを心がける。これにより，未知のものを論理的に明らかにしていく上で必要な視点や考え方が，整理され自覚化されると考える。

（2）「見通す・振り返る」学習活動

結果をおおまかに予想する「見通し」とともに，事象に潜む関数関係を見いだすにはどのような検証が必要か，過程にも「見通し」をもって事象を観察することが求められる。また「振り返る」場面では，結果の判断とともに，解決過程に妥当性があったかどうかを「振り返る」ことにも意識させたい。一次関数と見なして近似式を求めて課題を解決した「富士山八合目の気温予測」や，一次関数を用いて事象の解釈や把握を行った「Tシャツ業者の選定問題」を本題材の手前に配置することで，そこで構築された知識・技能を，「見通す・振り返る」際の拠り所とさせることができる。

（3）実践場面の設定

本題材「バケツリレー」は生徒自ら実験の対象者となるがゆえに，実体験をどのように数学的に処理できるかを「自分ごと」として考えさせたい。それにより，解決に必要な情報が何かを吟味したり，検証結果からどのような関係性が見いだせるかを熟考したりする等，課題に対してどう追究していくべきかを「自問」する態度が，自然と表出されることを期待する。

5　授業の実際

冒頭に「学年全員でバケツリレーを行った場合にかかる時間を予測しよう」と課題を提示し，学年全員（135名）での実測が不可能な状況の中で，どのような考え方を用いて課題解決が図れるかを個人で，続いて班で検討させた（教室内での活動だったので，「水が汲まれている状態から開始し，最後は水をかけるのではなく，そのバケツを所定の位置に置くこととする」とルールを定めた）。各班からは，「5名で計測してそれを27倍する」「2，3，4名と計測し，それをもとに135名を予測する」「クラス（45名）の半分で行って，それを6倍する」等，多様な考えが提案された。各班で共通だったのは，「人数と作業時間に関数関係がある」ことだったので，それがどのような種類の関数かを班で議論させた。比例か一次関数かで議論は割れたが，「各自が行う作業（バケツを受け取って隣の人に渡す）にかかる時間はほぼ一定であり，最初と最後の人だけ違う動きがあるので，比例ではなく一次関数ではないか」という意見が多く，一次関数と見なして事象を考察していこうと方針が定まっていった。またデータを収集する上でも，「偏りがないように同じ人数での測定を，違う人で何回か行って平均を出すべきだ」「測定人数を5，10，15名とすると，傾向が見えやすく，グラフも書きやすくなるのでは」等の意見が出た。そしてそのアイディアを基にデータを取り，グラフ化及び立式を行い，まずはクラスで行った場合の結果を導き出させた。その後行った検証実験（**図1**）では，予想とほぼ同タイムでリレーを行うことができ，生徒たちは歓声を上げて喜んだ（後日，体育館にて，学年生徒全体でも検証実験を行った）。

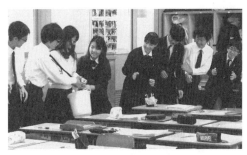

図1　クラス内での検証実験の様子

現実世界では条件が計算しやすいように整備されているわけではなく，自身で特徴や傾向を読み取り，数学的に解釈しなければならない。それゆえ，課題解決の「方法」に焦点を当て，より適切なものを吟味させる授業形態は，数学化を図る経験則を積む上で効果的であり，生徒の記述（**図2**）からも実感していることが読み取れる。

まず1つに一次関数のグラフを使うことで，実際には分かっていないことも根拠のある予想を立てることができる。そのグラフを一次関数の式にすることで計算から予想することもできる。また，複数のグラフを書くことでそれぞれの変化の関係性を一目で知ることができる。
2Bの予想が結果と近かったのは，2，3，4人でやってみたときのデータが真面目でいいデータで，グラフを作るときも慎重に行ったから，近かったのだと思う。

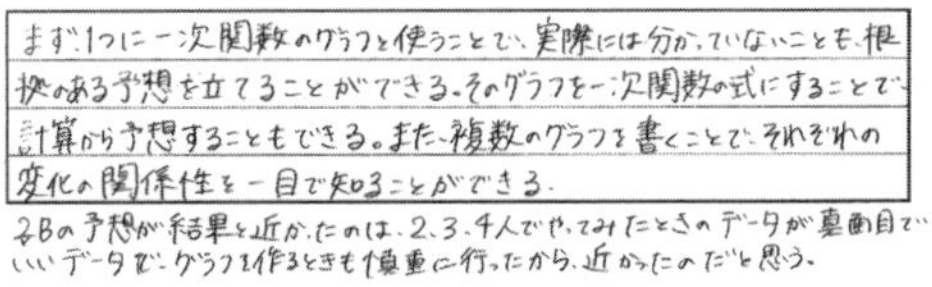

図2　単元終わりに書いた記述

今回の検証は実際に水を汲む場面を省略する等，本来の動きを簡略化して行ったので，切片の値が極小となった。検証後には生徒から「比例と見なしてもよかったのではないか」という意見が挙がり，定めた方針を再吟味し練り直す姿も見受けられた。どのような声かけや発問の仕方が，「誘導」にならず，生徒の学びを促進し保障するものとなるのか，そして見方・考え方をより効果的に働かせることへとつながるのか，単元構想の段階から今後も追究していきたい。（池田　純）

[資料] 資質・能力育成のプロセス（6時間扱い）

次	時		評価規準 ※（　）内はAの状況を実現していると 判断する際のキーワードや具体的な姿の例	【　】内は評価方法 及び Cの生徒への手だて
3	1	態 知	時間の増加による変化や対応の様子を調べて，一次関数の関係性を導き出し，問題の解決に生かそうとする。（○） 具体的な事象を，一次関数のグラフを用いて表現をしたり処理をしたりすることができる。（○◎） （A：グラフを利用することの有用性に気付き，様々な情報を読み取り活用することができる。）	【発言の確認】【ワークシートの記述の分析】 C：変域に応じて，具体的な事象の中の2つの数量がどのように変化していくか着目させる。 C：式で表すために，グラフからどのような情報が読み取れるか，既習事項を基に確認させる。
	2	知 思	調べた結果から導いた一次関数の関係を用いて，式等を活用して解くことができる。（○） 停止している場合や追い越す場合，すれ違う場合等様々な状況を，グラフの形状から的確に読み取ることができる。（○◎） （A：移動の方向や速さを変えた場合を，グラフの形状で表現し，かつ読み取ることができる。）	【行動の観察】【ワークシートへの記述の分析】 C：出発してから一定の割合で変化しているものが何かに着目させ，どのように考えていこうか見通しをもたせる。 C：交点がどのような意味を持つ場所かを考えさせ，それがどのような時間や距離を表すのかを読み取らせる。
	3	思	それぞれの料金体系の特徴を的確に読み取り，そのメリットやデメリットを考えることができる。（○◎） （A：それぞれの料金体系がどのような人に適しているか，その料金体系の傾向を根拠に的確に表現することができる。）	【行動の観察】【ワークシートへの記述の分析】 C：各社の料金体系がどのような変域のときにお買い得なのか，グラフの形状から読み取らせて傾向を探らせる。
	4	思 知	各地点の気温から一次関数と「見なす」ことが可能な関係を見いだし，説明することができる。（○） 調べた結果から導いた一次関数の関係を用いて，式等を活用して解くことができる。（○◎） （A：一定の割合で変化している点に着目し，変化の様子を近似してグラフを作成できる。）	【行動の観察】【ワークシートへの記述の分析】 C：各地点の気温を散布図で表し，その点がどのような並び方をしているか読み取らせる。 C：どの2点を結ぶ直線が，最もその事象の傾向を表現したグラフとなるか，何本か作成する中で吟味させる。
	5 ｜ 6	思 態	課題に要する人数と時間の関係に一次関数を見いだし，それを用いて解くことが適切であると説明できる。（○◎） （A：データの抽出の仕方やどのような関数の関係性があるのか等を，根拠を基に説明し，問題解決に生かすことができる。） 一次関数が未知の値を探る上で有用であることを自覚している。（○◎） （A：自らの考えで更新された内容や，検証方法の是非等を記述し構造化を図っている。）	【行動の観察】【ワークシートへの記述の分析】 C：問題解決にはどのような情報が必要となるのか見当をつけさせるとともに，関数の種類を決める上でどのような視点が必要だったか，ワークシート等を見直して既習事項で活用できそうなものを振り返らせる。 C：点と点を結んだ細かい折れ線グラフと違って，近似によるグラフがどのような点で優れているかを一次関数の特徴を意識して考えさせる。

〇は主に「指導に生かすための評価」，◎は主に「記録するための評価」

主たる学習活動	指導上の留意点 ☆：「深い学び」を生み出す工夫	時
【課題1】 図形の中に現れる変化を，一次関数を利用して解決しよう。 ・動点によってもたらさせる変化を，変域ごとに表，グラフを用いて整理する。 ・グラフの傾き具合と変化の様子の関係性を基に，グラフの形状が示す意味を解釈する。	・ICTを活用して動点の様子を捉えさせ，変化している要素が何かを考えさせる。 ☆求めたい値が複数あることを，グラフから読み取れることに気付かせ，グラフの有効性を実感させる。	1
【課題2】 移動の様子をグラフから分析しよう。 ・グラフが示す様々な情報を読み取る。 ・追いかける状況やすれ違う状況において，それが起こる時間や場所を，グラフを用いて求める。 ・条件を変えた場合の状況をグラフ化して，現在の状況と照らし合わせてその違いを解釈する。	・交点には2つの意味（同じ方向に進んでいる場合は「追い越す」，異なる方向に進んでいる場合は「すれ違う」意味）があることを意識させる。 ☆グラフの傾きを変えたり平行移動したりすること等，グラフの形状から視覚的に解決の手立てを探ることの有効性を実感させる。	2
【課題3】 Tシャツを作成する上でどの業者にお願いするべきか各社の特徴を，一次関数を用いて明らかにしよう。 ・表，式，グラフを用いて，情報を比較しやすいように可視化する。 ・それぞれの業者はどのような場合に最適なのかを，場合分けして明らかにする。	・それぞれの業者の料金体系の特徴を見いだす方法として，枚数によって料金が入れ替わる関係性があることに着目させる。 ☆どのような場合にどの業者を選択するべきかを考えることで，関数的な見方を日常場面に活用させる。	3
【課題4】 富士山八合目の気温を「予測」しよう。 ・既存のデータを基に，関数と「見なす」ことが可能かどうかを吟味する。 ・既存の表や座標をプロットした散布図を基に，どのような種類の関数関係かを明らかにして，それを用いて未知の値を求める。	・一次関数であるとどのような根拠をもって「見なす」ことができるかを，変化の割合が近い値を取り続けることや，データを座標で表した散布図が直線的に並んでいる特徴等から考えさせる。 ☆一次関数であると「見なす」ことが，未知の状況を予測する上で有効であることを実感させる。	4
【課題5】 学年全員でバケツリレーを行った場合にかかる時間を「予測」しよう。 ・問題解決に必要な情報は何かを個および集団（班，全体）で確認を行う。 ・数名で実測したデータを基に見いだした関数関係を用いて，学年全員で行った場合の所要時間を求める。 ・実際に学年全員でバケツリレーを行い，その結果と予想を比較して確かめることを通して，自分や班で考えたり共有したりした過程の振り返りや，その際に有効だった方法や視点について，ワークシートに記述してまとめる。	・同じ人数の場合を何回か測定してその平均をとる等，抽出するデータに偏りが生じすぎないような工夫をどのようにすべきかを考えさせる。 ・どの点を通る直線が事象の傾向を示す上で最適なのかを意識させて，直線の決め方を判断させる。 ☆全体での意見交換による「確認」と，書くことによる「定着」を図ることで，その瞬間の実感を可視化させて意識の高まりを促す。 ☆一次関数を用いて問題解決が図れる他の事象にどのようなものがあるかを考えることで，数学と実生活を関連付けて見る視点を意識させる。	5 │ 6

●第2部／「関数」・3年生

数学科実践例③

1 単元で育成したい数学科の資質・能力
〔目指す生徒の学ぶ姿〕

既習の内容を基にして，関数やそのグラフの性質を見いだし，統合的・発展的に考える力

〔日常の事象を数理的に捉え，関数やそのグラフを活用して論理的に考察し，課題を解決していく姿〕

2 単元について

本単元は，具体的な事象を調べることを通して，関数 $y=ax^2$ について理解するとともに，関数関係を見いだし，表現し考察する能力を伸ばすことを目標とする。そのため，本小単元「関数の利用」では，身の回りにある関数 $y=ax^2$ で表される事象に関心をもたせ，関数を利用して問題を解決する力を付けさせたい。また実験を通して，関数 $y=ax^2$ の新たな性質を見いだし，その性質が成り立つことを論理的に説明させたい。

本題材「ソーラーライターの仕組みを考えよう」は，ソーラーライター（放物線を軸で回転させてできた曲面の反射鏡）で，太陽光を反射させてティッシュペーパーを燃やす実験（図1）から反射鏡の形状を推測し，その推測が正しいかを，事象を数学モデル化して検証していく数学的活動である。曲線の軸に平行に進む光線が反射するとすべて1点に集まる性質を，グループで検討する中で見いだして共有し，推測した曲線にその性質があるかを動的数学ソフトウェア GeoGebra で検証する。グループ内で推測したいくつかの曲線を分担して検証することで，放物線であることを確かめる。パラボラアンテナや懐中電灯も同じ構造であることを確認し，数学が日常生活と密接に関わっていることを実感させたい。

3 単元の学びを支える指導事項
（◎特に身に付けたい指導事項，・機能的習熟を目指す既習事項）

◎関数 $y=ax^2$ を用いて具体的な事象を捉え考察し表現すること。

・日常の事象や社会の事象を数理的に捉え，数学的に表現・処理し，問題を解決したり，解決の過程や結果を振り返って考察したりすること。

4 学びの実現のための指導の工夫
（1）教科の本質への迫り方

なぜその現象が起きるのか解き明かしたいと思える課題を示し，表やグラフで表すことで既習の数学と結び付け，統合的・発展的に考え学びを深めていけるようにする。その性質が日常生活や社会でどのように使われているか，数学のよさを実感できるようにする。

（2）実践場面の設定

ソーターライターで生徒が実際に点火することで現象がより自分ごとになり，主体的に取り組めると考えた。この現象を数学モデル化することで，何を示せば推測した曲線が正しいといえるのか，明確な見通しをもつことが可能となり，また GeoGebra で放物線であることを確かめた今回の検証が，「帰納的に成り立つことを確認した」ということに気付かせることで，方法知も含めた振り返りができる。

5 授業の実際

最初の時間の冒頭に「オリンピックの聖火リレーに使うトーチはどのように火を点けるか知っている？」と問うと，「太陽の光を反

射させているのを見たことがある。」と声が上がった。そこで「その装置のミニ版を持ってきたので，実際にグランドで実験してみよう。」と言うと「面白そう。」「本当にそれで火が点くの？」などの反応があった。

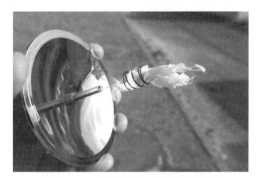

図１　ソーラーライターの実験の様子

グランドでの実験では太陽に向けずにただ持っている班も最初はあったが，それでは点かないことに気付き，角度を工夫するようになった。20分程の実験ですべてのグループが点火できたので，教室にもどり，課題「太陽からの光はどのように反射しているのか推測して，平面図にかいてみよう。」に取り組んだ。個人で考えているときは，太陽光が軸に平行に入ってきていない図も多くあったが，グループで検討すると「ソーラーライターを太陽に向けたよね。」「太陽は遠いから光は真っすぐにくるのでは。」などの議論から，ほとんどのグループで軸に平行に入ってきた光が反射し，１点に集まる図に集約されていった。

次時の初めに「ソーラーライターはどんな曲線でできていると思う？」と問うと，結果はおよそ円が４割，放物線４割，反比例１割，その他（楕円など）１割に分かれた。その後，課題「推測した曲線が，軸に平行に入ってきた光を，１点を通るように反射することをGeoGebraで検証しよう。」に取り組んだ。操作に入る前に前回の時間で明らかになったこと，何を示せば推測した曲線が正しいと言えるかをグループで整理してから個々にノートPCで検証を始めた（**図２**）。GeoGebraは２年次から何度か使ってきているが，生徒によって操作の習熟度に差がありうまくいかない生徒も出たが，約半数ほどができたところで，円，反比例，放物線で検証できたそれぞれの代表の発表を行い，放物線だけが１点に反射する性質をもつことを共有した。最後にパラボラアンテナの例から放物線の接線が焦点と準線上の点との垂直２等分線になることを紹介し，GeoGebraでその垂直２等分線をかいて残像をつけて動かすよう指示すると，包絡線が浮かび上がり，生徒から歓声が上がった。

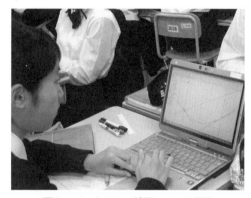

図２　ノートPCで検証している様子

生徒の振り返り（**図３**）からは，今回の検証では演繹的に説明したことにならないと気付けた様子が見取れた。また，「なぜ１点に集まるのかきちんと証明してみたい。」，「もっと大きな反射鏡でやってみたい。」など，さらに学びを深めていきたい様子も見受けられた。今後も現実の世界と数学の世界を往還しながら，数学的な思考力・表現力を高めていける課題を追究していきたい。

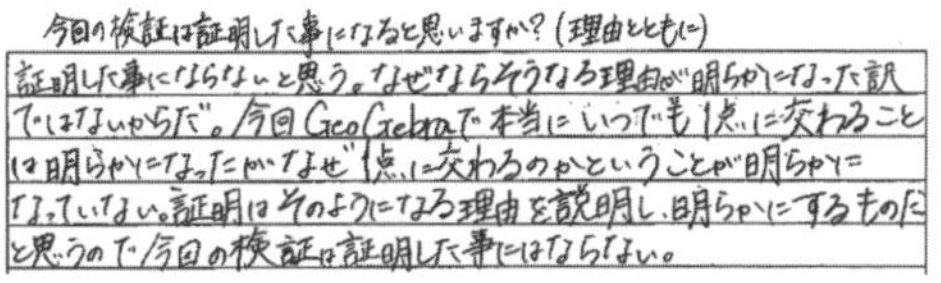
今回の検証は証明した事になると思いますか？（理由とともに）
証明した事にならないと思う。なぜならそうなる理由が明らかになった訳ではないからだ。今回GeoGebraで本当にいつでも1点に交わることは明らかになったがなぜ1点に交わるのかということが明らかになっていない。証明はそのようになる理由を説明し，明らかにするものだと思うので今回の検証は証明した事にはならない。

図３　生徒の振り返りの記述

（吉田　大助）

[資料] 資質・能力育成のプロセス（14時間扱い）

次	時	評価規準 ※（ ）内はAの状況を実現していると 判断する際のキーワードや具体的な姿の例		【 】内は評価方法 及び Cの生徒への手だて
1	1 ｜ 2	態	課題解決に必要な数学的要素を考えようとしている。（○）	【ワークシートの記述の確認】【発言の確認】 C：材料費について考えさせる。
		態	関数 $y=ax^2$ に関心をもち，事象を表したり，特徴を捉えようとしている。（○）	【ワークシートの記述の確認】【発言の確認】 C：表をかかせる。
		知	現実的な事象に $y=ax^2$ で表せるものがあると理解している。（○）	【ワークシートの記述の確認】【発言の確認】 C：表から関係を見いだす際の視点を確認させる。
		知	2乗に比例することの意味を理解している。（○）	【ワークシートの記述の確認】【発言の確認】 C：具体的な場面から考えさせる。
	3 ｜ 7	知	関数 $y=ax^2$ の関係を，表，グラフで表すことができる。（○）	【ワークシートの記述の確認】【発言の確認】 C：表から座標平面上に点をとらせる。
		思	関数 $y=ax^2$ の特徴を，表，式，グラフを相互に関連付けて見いだすことができる。（○）	【ワークシートの記述の確認】【発言の確認】 C：$y=x^2$ と比較して，考えさせる。
		知	関数 $y=ax^2$ の変化の割合や変域を求めることができる。（○）	【ワークシートの記述の確認】【発言の確認】 C：定義の確認をさせる。
2	8 ｜ 12	知	具体的な事象を1次関数や関数 $y=ax^2$ のグラフで表せる。（○）	【ワークシートの記述の確認】【発言の確認】 C：1次関数を振り返らせる。
		思	具体的な事象における1次関数と関数 $y=ax^2$ の交点の持つ意味を理解している。（○）	【ワークシートの記述の確認】【発言の確認】 C：具体的な場面から読み取らせる。
		知	1次関数と関数 $y=ax^2$ の交点を求めることができる。（○◎） （A：方程式を用いて交点を求められる。）	【ワークシートの記述の分析】【発言の分析】 C：直線の交点の求め方の確認をする。
		思	2つの変量の関係を1次関数や関数 $y=ax^2$ と見なし，区間による場合分けができる。（○）	【ワークシートの記述の確認】【発言の確認】 C：図をかいて考えるように指示する。
	13 ｜ 14	態	実験から得られた結果を数学的に考えようとしている。（○）	【行動の確認】【発言の確認】 C：実験方法を確認させる。
		思	実験の事象を理想化，単純化して特徴を図示し，説明することができる。（○◎） （A：軸に平行に入ってきた光が反射し1点に集まる様子が図示できている。）	【ワークシートの記述の分析】【発言の分析】 C：平面で考えさせる。
		知	得られた数学的モデルを PC を用いて検証できる。（○）	【ワークシートの記述の確認】【発言の確認】 C：既習事項を確認させる。
		思	推測した曲線が正しいことを数学的な根拠を基に説明できる。（○◎） （A：帰納的に確かめることができたなどの記述がある。）	【ワークシートの記述の分析】 C：記述のポイントを示す。

○は主に「指導に生かすための評価」，◎は主に「記録するための評価」

主たる学習活動	指導上の留意点 ☆：「深い学び」を生み出す工夫	時
あるピザ店ではS（直径20cm）を1000円, M（直径24cm）を1440円, L（直径28cm）を1960円で販売しています。特注ピザ（直径が35cm）の金額はいくらにすればよいか。 ・ピザの半径や面積について調べる。 ・身の回りには$y=ax^2$で表される事象があると確認する。	・根拠を基に値段の設定ができるように促す。 ・金額が半径の2乗に比例していることを全体で共有する。 ☆具体的な事象から考える。	1 ― 2
ボールが斜面を転がり落ちる様子を0.5秒ごとに計測した。ボールが転がり始めてからの時間と距離の間にはどんな関係があるか。 ・時間と距離の関係を調べる。 ・$y=ax^2$の形で表し, 性質を確認する。	・表と式を関連付けて説明させる。 ・距離が時間の2乗に比例していることを全体で共有する。 ☆既習の関数との違いを説明させる。	
関数$y=ax^2$のグラフの特徴を明らかにしよう。 ・$y=x^2$のグラフと比較しながら, 特徴を見いだしていく。 ・関数$y=ax^2$の練習問題に取り組む。	・式, 表, グラフを関連付けて考えさせる。 ・形の特徴, aの値が変わるとグラフがどう変化するかを全体で共有する。	3 ― 7
変化の割合の意味を考えよう。 ・1次関数と比較する。 ・物体の自由落下から変化の割合の意味を考える。	・xとyの増加量が何を表しているか振り返らせ, 変化の割合の意味を考えさせる。 ☆速さとの関連を説明させる。	
一定の速さで走る人に斜面を転がる玉が追いつくのはいつか。 ・時間と距離の関係をグラフに描き, 交点の意味を考える。 ・関数$y=ax^2$と1次関数の交点の練習問題を解く。	・交点の求め方など, 2年次の学習を振り返る活動を設定する。 ☆具体的な事象から, 交点を求める意味を考える。	8 ― 12
関数と図形との関連について考えてみよう。 ・図形を移動させるときに現れる関数ついて調べる。 ・座標平面上の図形関連の練習問題に取り組む。	・点が動くことで, 図形が変化することを共有する。	
自動車の速さと停止距離について考えよう。 ・空走距離と制動距離から, 表や式, グラフを使って調べる。	☆悪天候のときなど, 条件が変化するとどうなるか調べる。	
【実験】太陽光をソーラーライターで反射し, 紙を照らしてみよう。 ・色々な向きで試し, 気付いたことをまとめる。 ・紙が燃えたときはどのようなことが起きているか仮説を立て, 図示する。 ・班ごとに検討し, 発表する。	☆小さな反射鏡で紙を燃やす実験を行うことで生徒の興味を引き, 課題に取り組む意欲を高める。 ・ソーラーライターがどのような形状かを推測させる。 ・立てた仮説を班ごとに検討し, 質疑を重ねながら正しそうなものに絞っていく。	13 ― 14
仮説が正しいことを, 検証しよう。 ・GeoGebraを用いて検証する。	☆2次元のモデルにできることを共有する。 ☆日常生活や社会でどのように使われているか共有する。	
この性質が他にどのように使えるか考えよう。 ・懐中電灯, パラボラアンテナ, ソーラークッキングなどのアイディアを共有する。	・推測し, それが正しいと確かめるポイントについての振り返りを行う。	

| 第2部 | 各教科の実践 |

実践例①～②

1 本校理科が考える教科の本質と実現したい生徒の学ぶ姿

『新解説』では，以下のような資質・能力の育成が目標として示されている。

> （1）自然の事物・現象についての理解を深め，科学的に探究するために必要な観察，実験などに関する基本的な技能を身に付けるようにする。
> （2）観察，実験などを行い，科学的に探究する力を養う。
> （3）自然の事物・現象に進んで関わり，科学的に探究しようとする態度を養う。
>
> （下線は筆者）

この目標を踏まえ，本校理科が考える教科の本質を次のように定義した。

> 科学的な探究の過程を繰り返すことにより，問題や課題に対して粘り強く取り組み，現状をよりよくしていく人間を育てること

科学的な探究の過程とは，「課題を見いだし，仮説を立て，確かめる方法を自ら考えて実験や観察を実施し，得られた結果を分析・解釈する」という学習活動である。

理科の本質に迫り，理科における資質・能力の育成を図るために，本校理科では，次のような生徒の姿を目指し，授業を進めることとした。

・理科の見方・考え方を働かせて，日常生活や実社会における問題や課題に対して，自ら進んで解決するための見通しを立てたり，観察・実験の方法を考えたりする姿。
・観察・実験により得られた結果を分析・解釈し，科学的な根拠を基に自分の考えを表現する姿。

2 「学びの深まり」を生み出すための授業づくりにおける工夫点

理科において「学びの深まり」を生み出すためには，理科の見方・考え方を働かせて，様々な事物・現象について，理科に関する知識どうしや他の教科の知識，日常生活における経験などとつなげて考えることが欠かせない。例えば，第1学年で扱う「身の回りの物質」において，学習した温度による状態変化や密度の変化の考え方が，日常生活におけるエアコンを使用したときの部屋の温度が室内の上と下で異なるといった経験を説明でき，その考え方は，暑さ・寒さや換気といった家庭科における住環境の整え方や，さらに第2学年の理科で扱う消費電力や第3学年で扱うエネルギーの学習へとつながるといったことである。理科の学習の過程を通して，生徒たち自身がこれらのようなつながりに気付き，理科の見方・考え方がさらに豊かになることによって，「学びの深まり」を生み出せるようにするため，本校理科では主に次に示すような工夫を授業の中で行った。

（1）問題解決のプロセスにおける知識・技能の構築

『附属横浜中』（2016）で述べられているように，本校では「知識・技能」を，ただ単純に科学的な言葉や実験・観察の方法等を知っているという内容知だけでなく，その知識や技能をどのように使うことができるか，それにどのような意味があるのかといった方法知を含めたものであると捉えている。そして，「知識・技能」を構築することが，働かせてきた「見方・考え方」をより豊かにしていくと考える。本校理科では，単元の学習において問題解決のプロセスを計画的に取り入れている。そのプロセスで多様な仲間と議論を交わしていく中で，解決すべき問題を見定めたり，身に付けた知識や技能を活用したり，新たに収集した情報と組み合わせたりしながら解決に努める中で，生徒たち自身によって「知識・技能」が実感を伴って深く理解されていくようにしたい。

（2）問題解決における，生活や実社会に即した文脈の課題設定

生徒自身の実生活や実社会に即した課題設定をすることにより，生徒が自ら「考えてみたい，解決したい」「この問題について考えることにより今後の自分に役に立ちそうだ」という思いをもたせ，理科を学習することの意義や有用性を実感させ，学びに向かう人間性のさらなる伸長へとつなげたい。具体例としては，3年生の「イオンと化学変化」の単元で行った「地震が発生し，電圧を確保する必要が出てきました。家にあるもので電池を作りなさい」などの課題である。普段何気なく見たり使ったりしているものが，理科の見方・考え方を働かせることによって，電池づくりに活用できるということを実感させることを意識して授業を行った。

（3）「見通す・振り返る」学習活動

理科の見方・考え方を働かせ，さらに豊かで確かなものとしていくために「見通す・振り返る」学習活動を取り入れる。具体的には，主に問題解決学習の中で，見いだされた課題に対し，仮説を立てたり仮説を検証するための実験・観察の方法を考えたりすることにより，見通しをもたせることである。また，振り返る学習活動としては，実験や観察により得られた結果を分析・解釈させ，レポートに表現したり，他者に向けて発表したりする活動を行う中で，課題が十分に解決できたのか，残された課題は何かを意識化することである。理科の見方・考え方を働かせながら，他者と対話的・協働的に見通す・振り返る活動をくり返す中で，理科の見方・考え方がより豊かで確かなものとなっていくと考えられる。

実践の成果と今後への課題

授業を行う中で，「単元で学習した知識と他の教科や理科の違う単元で学習した知識」や「知識と日常生活での経験」が生徒自身の中でつながる瞬間が様々な場面で見られた。たとえば仮説を立て，検証するための実験方法を考えて他者に説明する場面や実験結果を分析・解釈する場面などである。一方で，課題解決のための方法を探求していくときには，中学の学習内容を超えた知識・技能が必要になってしまう場合がある。また，教科の本質に迫る課題でもあり，多くの時間を費やしてしまうといった課題もある。時間に余裕をもたせ，生徒が課題とじっくり向き合えるようなカリキュラム・デザインを心がけたい。

● 第2部／「電流とその利用」・2年生

理科実践例①

1 単元で育成したい理科の資質・能力
〔目指す生徒の学ぶ姿〕

電気に関する事物・現象を量的・関係的な視点で捉え，日常生活や社会と関連付けながら，科学的な根拠を基に探究する力
〔実験等で得られた電気の関係性や規則性を基に，日常生活と関連させながらグループで対話的・協働的に課題解決に向かう姿〕

2 単元について

本単元「電流とその利用」は理科の見方・考え方を働かせ，電流とその利用についての観察，実験などを行い，電流と磁界について日常生活や社会と関連付けながら理解させるとともに，それらの観察，実験などに関する技能を身に付けさせ，思考力，判断力，表現力等を育成することがねらいである。観察，実験などの結果を基に規則性や関係性を見いだし，イメージしやすいモデル図を用いることを通して，当たり前に使っている電気について改めてどのような性質なのかを考えさせたい。本題材「職場環境における節電案の提案」は，その職場における必要な電化製品とそれをどう工夫して使用すると節電になるかを，電力量など科学的な根拠を示して具体的な案を考えさせるものである。これにより学んだ基礎的知識が広がり，学習したことが日常生活の現実的な課題の中で生かせることを実感させたい。

3 単元の学びを支える指導事項
（◎特に身に付けたい指導事項，・機能的習熟を目指す既習事項）

◎電流，磁界に関する現象について，見通しをもって解決する方法を立案して観察，実験などを行い，その結果を分析して解釈し，電流と電圧，電流の働き，静電気，電流と磁界の規則性や関係性を見いだして表現すること。（（3）イ）

・電流によって熱や光などを発生させる実験を行い，熱や光などが取り出せること及び電力の違いによって発生する熱や光などの量に違いがあることを見いだして理解すること。（（3）ア（ア）ⓒ）

4 学びの実現のための指導の工夫
（1）教科の本質への迫り方

本単元においては「自然の事物・現象を主として量的・関係的な視点で捉える」ということが大切である。電気という一つの現象をモデル化して捉えたり，電力量の比較などの量的な違いに着目したり等，多面的に現象を吟味させることで，課題解決に必要な要素や根拠の導き方を身に付けさせたい。そしてそれを基に現象を科学的に考察し，解釈する素地を養うことへとつなげたい。

（2）「見通す・振り返る」学習活動

グループで検証計画を立案し行った実験を通して，規則性や関係性などを見いだし，そこで得た知識を用いてさらなる仮説を立てたりすることが学習内容の定着につながっていく。そして課題を解決する上で，他者と意見交換をし，情報を共有することにより，課題に対して自らの考えを振り返らせ，自身の学習活動の評価や課題への主体性を育む。

（3）実践場面の設定

実験結果をただ分析・解釈させ，規則性や関係性を見いださせているだけでは，本来の科学の楽しさや有用性には気付きにくく，実感できない。節電は普段から家庭でも取り上げられ，学んだことがすぐに生かせそうな話題でもある。節電するための計算方法を考え

たり，これまで学習した知識を使い，対話的・協働的に課題の解決を図ったりしていく過程を通して，実生活で起こりうる現象を科学的に探究する価値や科学の有用性が実感できるようにしたい。

5 授業の実際

授業の導入で「自分たちにできる節電法を考えてみよう」と投げかけ，意見を出し合った。電化製品を使うことを止めたり，使う時間を短くしたりすることや，蛍光灯をLEDに変えるなどの意見が出てきた。次に電化製品の消費電力を調べさせ，実際にどれくらい電力を使っているのか，また家庭の電力量はどのくらいなのか予想させた。具体的な数値として出すことによって生徒たち同士で比較することができ，熱を使うものが比較的電力が高いことや，家庭の電力量が季節や家の大きさ，家族構成によっても微妙に違うことなどを共有することができた。

次に課題を提示し，課題設定を各班で行った。ある事務所の例を提示し，それを踏まえて，まず職を考え，職場の環境を考えさせた。どんな電化製品が使われているのか，またどのくらいの時間その電化製品を使うのか，その電化製品を使う人数も考えさせた。分からない電化製品の電力などはTPCを用いて調べさせた。同じ種類の電化製品でも中の構造が異なると消費電力に違いがあることに驚いていた。さらにホワイトボードを用いて間取りを書き，イメージを可視化させた（図1）。どこにどのくらい電化製品を配置すればよいのか，節電するためにはこの電化製品は必要か不要かなどを考える姿が見られた。カフェやコンビニなど自分たちの考えた職場環境において，どのようにして節電していくのかを班ごとに発表させた。発表を聞く中で「店の照明やエアコンの配置理由はそのためか。」など知識と経験が結び付く場面が見られ，思考の変化が感じられた。各班で発表した後，再度自分たちの班の中で，他の班の節電案が活用できるものはないか再検討させた。

節電案としては人の努力で何とかする方法や自然の力をうまく活用する方法，消費電力が小さい新しい電化製品に交換していく方法などにまとめられた。「家でも簡単にできそうだし，意識していきたい」といった感想もあり，より実感をもたせることができた。

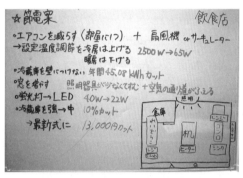

図1　生徒の書いたホワイトボード

今回の課題では職業を選択し，職場環境を考えて節電案を考えていった。職業や職場環境をあらかじめ提示して，同じ条件下で節電案のみを考えることや，逆に節電額の金額を提示し，その金額に収まるように節電案を考えさせる方法など，課題におけるアプローチの仕方は多様にある。生徒たち自身の中で日常の経験と学習した知識がつながる瞬間を助け，理科を学習することの意義や有用性を実感させられるように，効果的な「問い方」とは何かを今後も追究していきたい。

（中畑　伸浩）

[資料]　資質・能力育成のプロセス（21時間扱い）

次	時	評価規準 ※（　）内はAの状況を実現していると判断する際のキーワードや具体的な姿の例	【　】内は評価方法 及び Cの生徒への手だて
1	1 ｜ 5	態　これまで学んだことや経験を基に興味関心をもって取り組み，発表している。（○）	【発言の確認】【ワークシートの記述の確認】 C：日常生活に関連した具体的な現象を連想させる。
		思　実験から静電気の性質，および静電気と電流の関係について自らの考えを導き表現している。（○◎） （A：論理的に分かりやすく説明している。）	【ワークシートの記述の分析】 C：実験結果を振り返らせ，論理的な説明になっているか推敲させる。
		知　電流が電子の流れであることを理解し，知識を身に付けている。（○◎） （A：正確に説明している。）	【発言の確認】【ワークシートの記述の分析】 C：実験結果を振り返らせ，結果から分かることを確認させる。
2	6 ｜ 10	知　直列回路や並列回路における電流や電圧に関する規則性について，実験結果から理解できている。（○）	【ワークシートの記述の確認】 C：実験結果を振り返らせ，結果から分かることを確認させる。
		知　測定器を正しく操作して実験を行い，各回路における電流や電圧に関する規則性について結果を表や回路図などを使い，まとめることができる。（○）	【行動の確認】【ワークシートの記述の確認】 C：資料集や教科書を確認させる。
	11 ｜ 16	思　実験の結果から金属線などに加わる電圧と流れる電流の関係について，自らの考えを導き表現している。（○◎） （A：論理的に分かりやすく説明している。）	【ワークシートの記述の分析】 C：実験結果を振り返らせ，論理的な説明になっているか推敲させる。
		知　直列，並列回路の全体の抵抗値について，モデル化し考えた方法で確認できている。（○）	【ワークシートの記述の確認】 C：実験結果を振り返らせ，教科書等を確認させる。
		思　モデルや抵抗のつなぎ方から，課題を解決する方法を説明できる。（○◎） （A：論理的に分かりやすく説明できる。）	【発言の確認】【ワークシートの記述の分析】 C：既習事項を振り返らせ，簡単な回路図で確認する。
	17 ｜ 21	思　実験から水温上昇を電力や時間と関係付けて説明でき，水温上昇は電力と時間に比例することを理解している（○）	【ワークシートの記述の確認】 C：実験結果を振り返らせ，結果から分かることを確認する。
		態　節電について自ら進んで考えようとしている。（○◎） （A：自分と他者の考えを比較・統合して考察するなど，協働的に探究しようとしている。）	【発言の確認】【ワークシートの記述の分析】 C：既習事項を振り返らせ，日常生活を想起させ，計算方法を確認させる。
		思　課題を解決する方法を説明でき，他の人からの意見から自分の考えをよりよいものに改善している。（○◎） （A：論理的に分かりやすく説明できる。）	【ワークシートの記述の分析】 C：ここまでのワークシートの記述を振り返らせる。

○は主に「指導に生かすための評価」，◎は主に「記録するための評価」

主たる学習活動	指導上の留意点 ☆：「深い学び」を生み出す工夫	時
・身のまわりで静電気が関係している現象や生活に役立てられている例を挙げ，発表する。 ・静電気の性質を調べる実験を行い，電気をもったものの間には引力や斥力がはたらくことを調べる。 ・陰極線を観察し，観察から電流は電子の流れであることを解釈する。	・現段階で知っていること，経験していることから解答するように伝える。 ・モデルを用いてどのようにして力がはたらいているか考えさせる。 ・モデルを用いて電子の動きを説明できるようにさせる。	1 ― 5
・各回路の電流値と電圧値を調べる実験を行い，規則性を調べる。 ・実験を行い，各回路における電流や電圧に関する規則性について調べる。 ・家での配電はどうなっているか話し合い，発表する。	・結果をまとめ，整理させる。 ・結果を表やグラフにまとめ規則性について分析，解釈させる。 ☆学習したことが，日常生活に生かされていることを実感させる。	6 ― 10
・金属線などに加わる電圧と流れる電流の関係性について仮説を立て実験を行い，結果を分析し，解釈する。 ・直列，並列回路の全体の抵抗値について仮説を立て実験を行い，結果を分析し，解釈する。 ・自由に抵抗器を組み合わせて回路を組み，合成抵抗に関しての問題を作成する。	☆グループでの話し合いを通して実験方法を考え，実験を行い，結果を分析させる。 ・既習事項を生かし，実験を行い，結果を分析させ解釈させる。 ☆抵抗器がどういう形で身近に使われているかを考えさせ，活用させる。	11 ― 16
・電力と発熱量の関係，電流を流す時間と発熱量の関係について実験を行い，結果を分析し，解釈する。	・結果をグラフや表にまとめ，分析，解釈させる。	17 ― 21
【課題】勤めている職場で節電しなければならなくなりました。できるだけ電気代を節約するにはどのような工夫がありますか。職場環境を考え，科学的な根拠をもとに節電案を提案しよう。		
・職業，職場環境を決め，課題について個人で考える。 ・グループ内で話し合い，最も適当であると判断される案を挙げ，他のグループに説明する。 ・改善点を踏まえて改めて自分の考えを論述する。	☆自分のグループとの考えの共通点や相違点を見いだす。 ・家庭の電気料金を基にどれくらいかかるか考えさせる。 ☆実現可能かどうかを，説明の中に科学的根拠を基にして考えられているか確認させる。	

● 第2部／「運動とエネルギー」・3年生

理科実践例②

1 単元で育成したい理科の資質・能力
〔目指す生徒の学ぶ姿〕

日常生活のエネルギーに関する事象を量的・関係的な視点で捉え，科学的に探究する力
〔エネルギーの概念を正確に身に付け，日常生活の事物・現象と結び付けて課題解決に向かう姿〕

2 単元について

近年，LEDを使った電球の発明などにより，生徒にとって身近なところでも信号機やコンビニエンスストアなどの照明がLEDに替わってきており，「なぜ白熱電球からLED電球に替わってきているのだろうか」という問いに対して，「変換効率が良い」という知識をもっている生徒は多い。しかし，「変換効率とは何なのか」ということや，「変換効率が良いとは，具体的にどういうことか」という根本的な理解まではできていない生徒がほとんどである。本単元では，「物体が持つエネルギー」とはどのように定義されるのか，日常生活とエネルギーにどのような関係があるのか，ということを実験・観察を通して見いださせ，日常生活で起きる事象をエネルギーと関連付けて量的・関係的に考える力を身に付けさせたい。

3 単元の学びを支える指導事項
（◎特に身に付けたい指導事項，・機能的習熟を目指す既習事項）

◎力学的エネルギーに関する実験を行い，運動エネルギーと位置エネルギーが相互に移り変わることを見いだして理解するとともに，力学的エネルギーの総量が保存されることを理解すること。

・仕事に関する実験を行い，仕事と仕事率について理解すること。また，衝突の実験を行い，物体の持つ力学的エネルギーは物体がほかの物体になしうる仕事で測れることを理解すること。

4 学びの実現のための指導の工夫
（1）教科の本質への迫り方

「エネルギーの変換効率をなるべく向上させる」という課題を設定し，課題解決学習を行った。エネルギーを量的・関係的に捉え，仮説を立て，実験方法を考えて実施し，得られた結果から考察するという探究の過程を通して，理科の本質に迫りたい。

（2）「見通す・振り返る」学習活動

課題解決のために仮説を立てさせたり，実験を計画させたりすることにより，見通しをもたせる。また，課題解決の過程で他者からの意見を聞く活動をしたり自らの実践を振り返らせたりすることにより，探究活動において自身の学習活動がどうだったかを評価させる。このような「見通す・振り返る」学習活動を適切に配置することで，課題に主体的に取り組む態度を養うことができると考える。

（3）実践場面の設定

導入場面でエネルギーに関する話題から，エネルギーの無駄をなくそうという意識をもたせる。その後，手回し発電機を用いて手が発電機にした仕事のすべてが目的とするエネルギーに変換されるわけではないことに気付かせ，エネルギーの変換効率を高める工夫について考えさせる。

（4）知識・技能の構築

仕事とエネルギーに関する実験を行い，実験の結果を分析していく中で「エネルギー」や「仕事」の定義を明確にさせ，生徒自身が

主体的に学習を進めていく中で必要な知識・技能を獲得できるようにする。

5　授業の実際

課題解決学習の導入として，プーリー付き発電機にペットボトルを結び付けて落下させ，発電量を計測する実験を行った。落下するペットボトルが発電機に対して行った仕事の大きさと，その時の発電量に差があることに着目させ，エネルギーが変換される過程で失われるエネルギーがあるということに気付かせた。その上で発電所から送られてきた電気が，家庭で使用される電化製品で利用されるときも同様の現象が起きているということから，「電気エネルギーの無駄をなくすために，変換効率をなるべく高くし，できるだけ大きな電気エネルギーを得るためにはどうすればよいか」という課題を提示した。

まず，最初に行ったプーリー付き発電機の実験と同じ回路で発電量を大きくする工夫を考えさせた。はじめに個人で，続いて班で仮説と検証するための実験方法を考えさせた。各班からは「プーリーの円周を短くすれば，回転数が上がり，発電量が増えるのではないか」「発電機につながる歯車に潤滑油を塗れば，摩擦が減って失われるエネルギーが少なくなるのではないか」などの多様な考えが提案された。今回の実験では，実際にプーリー付き発電機を分解して，変換効率を上げることにした。実験器具の数の関係上，各班から出された案をすべて実験で確かめることが難しかったため，教師側で実験方法案を集約し，実験方法を割り振って実験を行った。

実験から得られたすべての班の結果をエクセルシートに表として集約し，分析・解釈をさせ，レポートにまとめさせた。その際，自分が行っていない実験の具体的な方法とその結果について，表を見ただけでは分からない詳細を互いに質問し合う時間を設けた（図1）。

図1　互いの実験方法の詳細とその結果について質問をし合う様子

対話的・協働的に学習を振り返ることによって，「そもそもエネルギーとは何なのか」ということや，「なぜエネルギーが変換されるときに減少してしまうのか」といった，本単元の学習の根幹をなす知識や概念が再構築されていた。また，エネルギーの無駄は，電気をつけっぱなしにしてしまうなどの，目に見える分かりやすい部分以外でも起きているという，日常生活と理科の学習とのつながりを見いだしている様子が見られた。導線を短くすることにより，変換効率を高めようとした班からは，「実験の規模が小さすぎて，大きな結果の差が得られなかった」という考察も出ており，学年末で扱う「自然環境と科学技術」の発電についての学習につなげたい。また，このように理科における挑戦的な評価課題は，質的・物理的に教室の中では収まらないような発展の仕方をすることが時としてある。本質に迫るような課題を中学校で扱う内容と照らし合わせて，どこまで追究させるべきか，そのバランスを考えて授業構想をしていくことが今後の課題である。

（神谷　絋祥）

[資料] 資質・能力育成のプロセス（13時間扱い）

次	時	評価規準 ※（ ）内はAの状況を実現していると判断する際のキーワードや具体的な姿の例	【 】内は評価方法 及び Cの生徒への手だて
1	1 ― 3	知　実験の目的に合わせて，変化させるものとさせないものを決めて，計画的に実験を行うことができる。（○） 知　力学的エネルギーが保存されることを理解している。（○）	【行動の確認】【ワークシートの記述の確認】 C：何を調べるための実験なのかを確認させる。 【ワークシートの記述の確認】 C：位置エネルギーと運動エネルギーの増減を物体の運動の様子に沿って見直させる。
2	4 ― 8	思　実験結果から，物体がもつエネルギーと仕事の大きさの関係を見いだすことができる。（○○） （A：根拠をもって仕事の大きさと物体のもつエネルギーの大きさの関係を説明している。） 態　日常生活とエネルギーの関係を進んで見つけようとしている。（○）	【ワークシートの記述の分析】 C：実験結果を振り返らせ，結果から分かることを確認させる。 【発言の確認】【ホワイトボードの記述の確認】 C：グループのメンバーの発言から，自分の生活の中でエネルギーが関わることを見いださせる。
3	9 ― 13	態　日常生活とエネルギー問題を関連付け，自ら進んで考えようとしている。（○） 知　エネルギーには様々な形があり，相互に移り変わることを理解している。（○○） （A：プーリー付き発電機が発電をする過程で，どのようなエネルギーの変化が起きているか理解している。） 思　より多くの電気エネルギーを得るためにはどうすればよいか考えることができている。（○○） （A：エネルギーの移り変わりを根拠として，より多くの電気エネルギーを得るためにはどうすればよいか考えることができている。） 知　エネルギーの大きさを計測する方法を理解している。 （A：エネルギーの大きさを計測する方法を理解し，目的に沿った方法を実践している。）	【発言の確認】 C：エネルギーのロスが環境負荷につながる例を挙げ，問題意識をもたせる。 【ワークシートの記述の分析】 C：エネルギーには様々な形があることを日常生活の例から考えさせる。 【ワークシートの記述の分析】 C：変換効率を上げるためには，目的以外のエネルギーを発生させないようにするということを助言する。 【行動の確認】【ワークシートの記述の分析】 C：エネルギーの大きさは電圧・電流・時間の積で求められることを確認させる。

○は主に「指導に生かすための評価」，◎は主に「記録するための評価」

主たる学習活動	指導上の留意点 ☆：「深い学び」を生み出す工夫	時
・物体のもつエネルギーの大きさについて実験を行い，物体のもつエネルギーの大きさは何によって決まるのかを調べる。 ・実験から，力学的エネルギーの保存について調べる。	・既習事項を生かし，実験の中で変化させるものとさせないものを決めて実験をさせる。 ・エネルギーの移り変わりを見いださせる。	1 ― 3
・仕事の大きさと力学的エネルギーの関係について実験を行い，結果を分析，解釈する。 ・実験を行い，仕事の原理と仕事率について調べる。 ・エネルギーの移り変わりについて身近な例を基に理解する。	・実験の結果を分析する過程で，物体のもつエネルギーの大きさは，物体がした仕事で表すことができることを見いださせる。 ☆電子レンジの例などを出し，日常生活とエネルギーのつながりをもたせる。 ・電化製品など身近な例を挙げ，日常生活とエネルギーのつながりを感じられるようにする。	4 ― 8
・プーリー付き発電機を用いて実験を行い，元のエネルギーが変換されるときに目的以外のエネルギーとして失われることに気付かせる。 【課題】電気エネルギーの無駄をなくすために，変換効率をなるべく高くし，できるだけ大きな電気エネルギーを得るためにはどうすればよいか。仮説を立て，検証するための実験方法を考え，実験を実施し，目的とするエネルギーの発生量を大きくするための要素を明らかにしなさい。 ・課題について個人で仮説を立て，実験方法を考える。 ・グループで話し合い，適当であると判断される実験方法を挙げる。 ・他のグループに実験方法を説明し，意見交換をする。 ・実験を行い，結果を分析・解釈する。 ・実験の過程を振り返ったり，自分たちのグループと他のグループの結果と比較したりして，より大きな発電量を得るにはどうすればよいか改善点を考える。 ・考察をレポートにまとめる。	・プーリー付き発電機にペットボトルをつないで落下させることによって発生した電気エネルギーが，重力がした仕事より小さいことに気付かせる。 ・一般的な発電においても同様のことが起きていることに触れ，問題意識をもたせる。 ・既習事項を確認させながら，方法を考えさせる。 ・科学的な根拠を基に実験方法の選択をさせる。 ☆得られた結果を分析・解釈したものを他者へ説明させたり，質問させたりする。 ☆エネルギーがどのような形で失われているのかを考えさせ，変換効率を上げるためにはどうすればよいのかを考えさせる。 ☆これまで学習した科学的な用語を使用して振り返らせる。	9 ― 13

第2部 | 各教科の実践

音楽科

実践例①

1 本校音楽科が考える教科の本質と実現したい生徒の学ぶ姿

　中学校音楽科で育成を目指す資質・能力は，「生活や社会の中の音や音楽，音楽文化と豊かに関わる資質・能力」と『新解説』に示されている。様々な音楽の特徴やよさを自分の生活と結び付けて捉え，音楽のよさを味わえる力だと言える。そして大事なのが，資質・能力を身に付けていくときに「表現及び鑑賞の幅広い活動を通し」「音楽的な見方・考え方を働かせ」ていくことである。その際授業者は，音楽科の授業の根底にある音や音楽を介することの大切さを忘れてはならない。

　美しい音や音楽に心を揺さぶられ，それが生涯に渡って生活の彩となり，多様な文化のよさを感じ取ることができる。こういったことが音楽の力であると言える。そこで，本校音楽科が考える教科の本質は

　　・豊かな感性や豊かな情操を培うこと
　　・表現活動や鑑賞活動を通して音楽の楽しさを味わい，生活を豊かにすること
　　・様々な音楽と出会い，その特徴や多様性を理解して，価値付けていくこと

ではないかと考える。

　『答申』では，「知性と感性の両方を働かせて対象や事象を捉えることである。知性だけでは捉えられないことを，身体を通して，知性と感性を融合させながら捉えていく」ことが他教科以上に芸術系教科・科目が担っている学びであると示されている。豊かな感性を養うことを大切にしつつ，生徒が習得した知識を活用して音楽表現や鑑賞に取り組み，何よりもそのよさを実感をもって感じ取ることができるようにさせたいと考える。

　これを踏まえ，本校音楽科で実現したい生徒の学ぶ姿を，次の3つにまとめた。

　　・自己のイメージや感情と音楽を形づくっている要素とその働きを結び付けて考えるなど，主体的・協働的に音楽表現や鑑賞に親しむ姿
　　・創意工夫を生かした音楽表現をするための技能を身に付けた姿
　　・様々な音楽や音楽文化と出会い，音楽の特徴や多様性を理解し，価値付けていく姿

2 「学びの深まり」を生み出すための授業づくりにおける工夫点

(1) 知識・技能の構築

　表現領域においては，基礎技能が定着していなければ見方・考え方を働かせて生まれた問いを，実際に表現していくことは難しい。そこで，知識・技能の構築を図っていくためには，「音や音楽」がある時間を確保した授業展開をしていかなければならない。例えば，合唱の授業では「歌うこと」「聴くこと」「考えること」の往還が必要不可欠である。技能と思考を合致させていくために，生徒同士が試行錯誤し，教え合える環境づくりを大切にしている。また，〔共通事項〕を支えとして各領域・分野の関連を図る題材構成（例えば，曲の構成を軸にした歌唱の学習から

鑑賞へとつなげるなど）により，学びの連続性が生み出され，生徒たちの中で知識や技能が概念化・身体化されていくと考える。

(2)「見通す・振り返る」学習活動

　生徒自らが目標を明確にして課題を設定することで，活動が「我がこと」として捉えられ，その内容が深まっていくと考える。課題の解決に向けた学びを一つずつ積み重ねていくことで，自分の成長の度合いが実感され，学習過程の振り返りを板書することで可視化し，全体で共有していくことで，そこで生まれる課題の質がより高まっていくことにつながる。また，音楽科としては3年間という時間においての見通しと振り返りが大事であると考える。そのためには「1年生でここまでは身に付けさせたい」という目標を教師がもちつつ，学年ごとに適切な目標設定をさせることが必要である。そして生徒自身が3年間を通しての変容を感じ取り自覚できるような問いの工夫や，課題意識をもって聴いたり，演奏中も客観的に聴こうとしたりする「深く聴く」ことのできる耳を育てていくことや，見方・考え方を働かせていくことも必要である。

(3) 教科の本質への迫り方

　見方・考え方は資質・能力を育成するための視点や方法であり，資質・能力の3つの柱が活用される学びの中で，働かせ方も広がり深まっていくと考えられる。常に知識及び技能と思考の往還が必要とされる音楽科において，その見方・考え方を働かせるためには，曲想や音楽を形づくっている要素の知覚とそれらが生み出す特質や雰囲気の感受を，生徒の中で結び付けて，言葉として表現できるようにしていくことが大事になる。そのために，意識して「聴く」ことを大切にしている。「伸ばす部分はそろっているか」など課題や視点を明確にして聴くことで，ただ漠然と聴くよりも「パートごとに音量の保ち方が違う」など，具体的事象を捉えて聴くことができるのである。そうしてさらに聴くことの深まりは，感じ取る力を広げていく。そこで表出された言葉に対して「どうしてそう思ったのか」や「それで自分はどう感じたか」を投げかけることにより，生徒は思考し，知覚と感受が結び付いていき，語彙も広がっていく。これらを様々な体験を通して結び付けていくことで実感を伴って理解できたときに，学びの深まりがあるのではないかと考える。

3　実践の成果と今後への課題

　1年生では，「こうしたい」という思いや意図をもたせることの大切さを，改めて実感した。3年生の合唱では，これまでの経験を生かし，構築された知識・技能を生かした音楽表現への思いが強く表れていた。実際には，音や音楽として表しきれない現状に直面したことで，より技能の向上を図ろうと主体的に取り組んでいた。そして歌詞の解釈という視点に出会うことで，旋律の上下行や同じ p でも表したいイメージの違いなど，言葉と音楽の表現の結び付きについて試行錯誤する姿が見られた。そしてどの学年も，視点を明確にした深く聴く活動によって，状況をメタ認知し，課題や成果を実感したことで，主体的に試行錯誤を繰り返す様子がうかがえた。

　課題は，知識・技能の習得と創意工夫をしていく場面設定のバランスである。また，学年ごとの習熟度を踏まえて，生徒が思いや意図を根拠をもって伝えられる力の伸長が図れるよう，継続的に取り組む必要があると感じた。そして，課題やその活動に対して，省察する時間を確保し，課題の妥当性や「見方・考え方」がどう働いたかを，さらに意識化させられるようにしていくことを今後も追究していきたい。

● 第2部／「〇〇〇合唱にしよう♪プロジェクト」・1年生

音楽科実践例①

1 題材で育成したい音楽科の資質・能力
〔目指す生徒の学ぶ姿〕

音楽に親しみ，音楽表現を創意工夫し，より豊かに表現する力
〔自己のイメージや感情と音楽を形づくっている要素とその働きを結び付けて考えるなど，主体的・協働的に音楽表現の創意工夫に取り組む中で，より豊かに表現するための技能を伸ばし，音楽に親しみをもちながら歌う姿〕

2 題材について

本題材「〇〇〇合唱にしよう♪プロジェクト」は，より豊かな合唱を目指し，自分たちなりに必要な課題を見付け，その解決に向けて試行錯誤していくことで，成長の度合いを実感しながら，学びを深めていくことをねらいとしている。初めて自分たちで作るクラス合唱に挑む学習において，これまでの学習や学年課題曲《夢の世界を》の合唱で学んできた，旋律と副旋律とのバランス，ハーモニー作りなどを生かし，主体的に表現することの楽しさを味わわせたい。その際，1年生ということもあり，まず音楽的な感性を働かせて「どんな曲だと思うか。どう歌いたいか」という思いを出発点とする。その思いや意図を表現するために，楽譜や歌詞に迫り，強弱記号の変化に着目したり，旋律やハーモニーの動きを捉えたりして表現に結び付けていきたいと考える。また，作曲者が楽譜に書き表している音楽記号を理解し，楽譜から曲想に迫る基本的な力も身に付けさせたい。教材となる合唱曲は《怪獣のバラード》，《キミのもとへ…》，《輝くために》である。本題材での生徒の学びが観客に伝わる合唱となり，楽曲を創りあげる楽しさや，歌うことの楽しさを味わえる生徒の育成を目指す。

3 題材の学びを支える指導事項
（◎特に身に付けたい指導事項，・機能的習熟を目指す既習事項）

◎歌唱表現に関わる知識や技能を得たり生かしたりしながら，歌唱表現を創意工夫する。（A表現 歌唱―ア）
・曲想と音楽の構造や歌詞の内容との関わりを理解する。（A表現 歌唱―イ（ア））
・創意工夫を生かした表現で歌うために必要な発声，言葉の発音，身体の使い方などの技能を身に付ける。（A表現 歌唱―ウ（ア））

4 学びの実現のための指導の工夫

（1）教科の本質への迫り方

「見方・考え方」を感得し働かせるときに，「知性と感性を融合させながら捉えていく」ことを目指し，今回はまず感性を働かせて，曲への思いの醸成を図る。そして表現豊かな音楽にしていくために，思考と技能習得の往還や，深く聴く活動と関わらせ，成果や課題を実感を伴って感じ取る経験を積み重ねることで，教科の本質に迫る。

（2）「見通す・振り返る」学習活動

個人目標の他に全体や各パートで課題設定をし，自分（自分たち）が今どうあるのかを振り返っていく。過程の振り返りを板書やワークシートを用い可視化していく。また，イメージと現実の相違がわかりやすく，課題意識がもちやすくなると考え，TPCを用いて録画した合唱を聴取する活動を取り入れていく。

（3）実践場面の設定

合唱コンクールという行事に重ねることで，必然性のある課題になっていくと考えた。そして自分たちで定めたプロジェクト名である「『〇〇〇合唱』を作り上げる」とい

う目標を目指す中で,自分たちで生み出した問いに対し,試行錯誤と批評及び課題設定を繰り返して学習活動を進める。また,賞を取るためだけではなく,表現豊かな音楽を作ることを通して,聴いている人を感動させるという相手意識をもたせ,自分たちの達成感につなげていきたい。

5　授業の実際

第1次では,これまでの学習を基に「曲想とは何か」という発問から,表現豊かな合唱にするためのポイントを考え,まとめていった。〈音の長さ〉や〈強弱の変化〉といったことだけでなく,〈歌詞の内容（世界観）〉を表現するという意見も多く挙がった。そしてこの学習が「我がこと」となるように,「どう歌いたいか」の思いを醸成させるところからスタートした。好きな部分や好きな歌詞とその理由についてそれぞれが考え,感性の多様性を感じ取らせ,さらなる興味関心につなげるために意見を出し合った。歌詞の解釈も交え「どんな風に歌ったら素敵になると思うか」について意見を出し合いながら,共通理解を図り目標として設定した。(**図1**)

図1　「どんな風に歌ったら素敵になると思うか」意見の板書

そこから,目標遂行のためのプロジェクト名を決定するための議論を行った。このことで,生徒にとって課題が「我がこと」になり,生徒のやる気や,合唱の方向性を調整していくうえでも効果が見られた。**図2**は,決定したプロジェクト名と板書のまとめである。各時のワークシートにこのまとめを必ず載せ,常に見返して振り返りや課題設定が行えるように工夫した。

図2　まとめプリント例　≪輝くために≫

第2次では,授業の初めに,各パートと全体の課題設定と共有,途中で過程の振り返り共有をそれぞれ行った。課題に対しては必ず楽譜に返り,楽譜を根拠に実践することで解決につながり,思いに加えて楽譜の大切さを実感していた。また課題や過程の振り返りの共有は,完成度の変化を感じさせ,課題の質も深まっていく様子が見られた。

今回の学習を進めるにあたって,生徒に「聴く」「聴いて感じ取る」ことを大切にしていこうと,繰り返し投げかけた。この「深く聴く」ことは,資質・能力を育成する過程において,音楽的な見方・考え方を働かせるのに重要なポイントである。やりたいことと実際が一致しているかどうか検証することが,新たな課題を見つけ,成果を実感していく手立てとなった。実際,必死に歌っているとなかなか周りの声や全体の響きにまで意識がいきにくい。そこで,TPCにパートの歌唱や,全体での合唱を録画し,聴取活動を取り入れた。「パートのバランスがよくない」「強弱の差が思ったほどなかった」といった意見や,「姿勢が悪い」「表情が暗い」など体の使い方にも目が向けやすく,より「我がこと」としての課題設定へとつながっていった。

(佐塚　繭子)

[資料]　資質・能力育成のプロセス（6時間扱い）

次	時	評価規準 ※（　）内はAの状況を実現していると 判断する際のキーワードや具体的な姿の例	【　】内は評価方法 及び Cの生徒への手だて
1	1	態　歌詞の内容や曲想に関心をもち，合唱の学習に主体的・協働的に取り組んでいる。（○）	【行動の観察】【ワークシートの記述の確認】 C：歌詞の内容や曲想について，感じ取ったことを言葉にできるように促す。
	2	知　歌詞の内容を理解するとともに，音楽記号や用語の使用による曲想の変化を理解している。（○◎） （A：音楽用語を実感を伴って使用し，知覚と感受を結び付けて説明している。）	【行動の観察】【ワークシートの記述の分析】 C：音楽記号や用語の確認をし，感じ取ったことに対して正しく使用し表現できるように促す。
		思　歌詞の内容や曲想と自分のイメージを結び付け，どのように歌うかについて思いや意図をもっている。（○◎） （A：どのように歌いたいか，自分の言葉を用いて，思いや意図を説明している。）	【行動の観察】【ワークシートの記述の分析】 C：曲の一部分を示し，どのように歌ったらよりよくなるかを考えさせる。
2	3 ｜ 5	態　声部の役割や全体の響きに関心をもち，音楽表現を工夫しながら合わせて歌う活動に，主体的に取り組んでいる。（○）	【行動の観察】 C：仲間と表現の方法などを確認する。
		思　楽曲の特徴を感じ取り，どのように歌うかについて思いや意図をもち，表現しようとしている。（○◎） （A：課題部分の表現の創意工夫に対して，具体的な音楽記号との関わりなど根拠をもって説明し，仲間と共有したり試みたりしている。）	【行動の観察】【ワークシートの記述の分析】 C：既習事項を振り返りながら，表現を磨き上げるよさや言葉での表現方法を考えさせる。
		知　歌詞の内容や曲想を生かした音楽表現をするために必要な技能を身に付けて歌っている。（○）	【行動の観察】 C：生徒の疑問に耳を傾け，課題の明確化を促す。具体的な練習方法の手立てを考えさせる。
	6	思　曲の特徴を感じ取り，表現の工夫や声の重なりに関して，根拠をもって評価し，聴くことができる。（○◎） （A：実際の合唱に対して聴き取ったことと，反省や成果として評価している内容が結び付いて記述されている。根拠をもった自分なりの意見となっている。）	【行動の観察】【ワークシートの記述の分析】 C：具体的に上手く表現できた部分や，上手くいかなかった部分について，自分の感想と重ねながら実際の音を感じ取らせる。 C：感じ取ったことを，筋道を立て言葉にできるよう促す。

○は主に「指導に生かすための評価」，◎は主に「記録するための評価」

主たる学習活動	指導上の留意点 ☆:「深い学び」を生み出す工夫	時
・合唱をよりよくするポイントについて考える。 ・クラス合唱曲を鑑賞する。 ・曲想や歌詞の内容についての特徴や気付きと，自分の好きな部分とその理由について，班内で発表する。 ・どんな風に歌ったらよいと思うか，どのようなクラス合唱にしたいかをワークシートにまとめ，話し合う。 ・姿勢や声の響きを確認しながら発声を行う。 ・パートごとに意見を出し合いながら歌唱活動を行う。	☆考えの変容を記録できるワークシートを用いる。 ・「表現豊かな合唱」にしていくために，音楽表現を深めていくためのポイントを整理していく。 ・楽譜にはたくさんの作詞・作曲者の思いが詰まっていることを説明し，それを読み解くことの大切さと視点をもたせる。 ・歌詞の内容や特徴などについては意見をまとめず，自由な発想でそれぞれがどのように感じたかを大切にし，多様な気付きを感じ取らせる。	1
【課題】曲に対して思いや意図をもち，楽譜を読み解きながら，自分たちの手でよりよいクラス合唱をつくろう。 ・ワークシートにまとめた，どんな風に歌ったらよいと思うかを発表し意見を共有する。 ・どんなクラス合唱にしたいかのテーマを設定する。 ・パートごとに意見を出し合いながら歌唱活動を行う。 ・合唱をした後，演奏を振り返り次回の課題を考えて発表する。	・いくつかの大筋にまとめ，可視化できるようにする。 ☆どのように歌いたいかを，感じ取ってきた曲の特徴や，歌詞の内容などから考えさせる。 ☆自分の考えと共有した意見を記録できるワークシートを用いる。 ・他と意見交換しながら考えを深め，自分の言葉で発表できるようにさせる。	2
・楽譜にある音楽記号に注目させ，歌詞の内容と曲想の関わり，自分たちの気持ちとの一致の可否，作曲者の意図していることについて考える。 ・TPC で録音（録画）し，各パートの歌唱や合唱を聴取して，それを基に学習課題を設定する。 ・課題に合わせ，パート，少人数（班や全体を分けてのグループ），全体などの形を選んで練習を行う。 ・合唱後，自分たちの合唱について振り返り批評する。（課題の振り返り）	☆知覚と感受の結び付き，思っていた表現との相違などによる，表現の豊かさや，音楽を形づくっている要素とそれらが生み出す働きについて，納得や疑問をもたせていく。 ☆イメージと実際の合唱（歌唱）が結びついているか，的確に評価できるように聴取活動を大切にし実感をもたせる。 ・時間を区切って歌う活動を必ず入れさせる。 ・広い視野で課題とその手立てについて考えさせていく。	3 | 5
〜合唱コンクール後〜 ・自分たちの合唱について振り返る。（歌ってみての感想，曲を聴いてみて客観的にどうだったか。） ・合唱から受けた影響や，自分との関わりについて考える。	☆表現したかったことが，どのように実際に聴こえていたのか焦点化して聴き取らせ，成果や反省につなげる。 ☆自分と合唱との関わりについて思考する。	6

第2部 | 各教科の実践

美術科

実践例①

1　本校美術科が考える教科の本質と実現したい生徒の学ぶ姿

　『新解説』から本校美術科が考える美術の本質は、「豊かな感性と情操を培い、美術や美術文化と豊かに関わる資質や能力を育成する」ことであると考える。

　そこで大切なのが、今回の『新学習指導要領』の改訂で示された「感性や想像力を働かせる」「対象や事象を造形的な視点で捉える」「自分としての意味や価値をつくりだす」といった美術科の特質に応じた物事を捉える視点や考え方、つまり造形的な見方・考え方である。

　感性は一人一人が今までの人生の中で様々なことと関わりながら育んできたものであると考える。本校美術科では表現や鑑賞の活動を通して、造形的な視点を豊かに働かせ、自分を見つめたり、様々な人の意見にも触れたりしながら、さらに感性を豊かにしていくことを目指す。また、表現や鑑賞の活動を通して、美しいものやよりよいものにあこがれ、それを求め続けようとする豊かな心である情操を一人一人が培えるように支援していきたい。そのためにも、様々な題材を通して、造形的な見方・考え方を働かせられるように授業を展開していくことが大切であると考える。

　以上のことから、本校の美術科における実現したい生徒の学ぶ姿を、表現や鑑賞の活動を通して、「形、色彩、材料、光などの造形の要素と豊かに関わろうとする姿」「感じたこと、考えたことなどから主題を生み出そうとする姿」「自分や他者との対話を通して、自分としての意味や価値をつくりだそうとしている姿」として、授業実践に取り組んだ。

2　「学びの深まり」を生み出すための授業づくりにおける工夫点

(1) 教科の本質への迫り方

　美術科の特質に応じた物事を捉える視点（造形的な見方・考え方）には、「感性や想像力を働かせる」「対象や事象を造形的な視点で捉える」「自分としての意味や価値をつくりだす」という3つの柱がある。深い学びへ導く鍵となる造形的な見方・考え方を働かせられるような題材、授業にするためには、定まった答えのない問いを生徒に提示することが重要である。生徒はその問いから、自問自答し、自分なりの答えを見つけようと思考を開始する。その時に、造形的な視点から思考させるように留意し、生徒が形、色彩、材料、光などの造形の要素と豊かに関われるようにする。題材名も、生徒に題材を通して育成を目指す資質・能力（学び）と活動が伝わるように工夫する。

(2)「見通す・振り返る」学習活動

　生徒は問いから、自分が感じたことや考えたことなどを基に、主題を生み出していく。主題は、表現の基となるものである。自分の表したいものを実現するためには、どんな形や色彩、材料などが必要か、どんな技法を使うのかということを繰り返し考える必要がある。制作過程の鍵となる場面では、自分が考えた主題に立ち返り、造形的な見方・考え方を働かせて自己の学習を

振り返り，もう一度見通しを立て直せるように支援していくことが大切である。活動の終わりには1時間ごとに自分の思考を整理するための「思考ボード」(『附属横浜中』(2016)，p.88)を用いた振り返りを行っている。また，改めて自分の表したいことを明確にするために他者との対話をする場面を授業に組み込むようにしている。

(3) 知識・技能の構築

対象や事象の造形を豊かに捉えるためには，造形的な視点について体験を通して理解することが大切であると考える。赤は暑い感じがするもの，青は冷たい感じがするものなどと知識としてただ教えるのではなく，表現や鑑賞を通して考えたり，対話を通して見方や感じ方を広げたりして得られる知識や，試行錯誤を繰り返したりすることで得られる技能こそが，問題を解決するときに真に使える知識や技能となる。そのために，自分の考えだけでなく，他者の見方や感じ方にも触れられるように対話する場面や，活動の振り返りをして学びを自覚する場面をつくっている。また，試行錯誤できるよう時間や材料を用意している。

3 実践の成果と今後への課題

定まった答えのない問いを生徒に提示すると，生徒の中で自問自答がなされ，今までの知識や技能を活用し，自分なりの答えをだそうとする姿が見られた。また，生徒が今までに得た知識や技能をつなげられるよう，教科の中での学びのつながりを意識して題材を考えることも大切であると感じた。

対話は，多様な見方や感じ方に触れ，造形的な視点を豊かにすることにつながるとともに，自分の表したいことを明確にするためにも効果的であった。主題が明確になるということは，それを表すために造形的な見方・考え方を働かせて活動することにつながる。

思考ボードでの振り返りは，活動の振り返りや学びの自覚だけにとどまらず，自分の思考のパターンやくせなどを客観的に捉える様子も見られた。例えば，「悩みと解決を繰り返すことで，自分なりに納得できるものが表現できた」「自分は対話をする中で新しいアイディアが思いつくことが多い」などである。一人一人が主題を生み出し，造形的な見方・考え方を働かせて活動していく美術では，自分で見通しを立て，粘り強く取り組むことが必要となる。そのような活動の中で問題の解決のためにどのように思考したのかを客観的に捉えることは，美術だけではなく様々な問題を解決する上でも活用できる汎用的な技術であると感じた。

課題としては，思考をするときに美術科の中で培った知識や技能をつなげる生徒は多く見られたが，他教科での学びをつなげている生徒が少なかったように感じたことである。本校では，問いに対して様々な教科の見方・考え方を自在に駆使して自分なりの納得解，最適解を導き出せる生徒の育成を目指している。そのためには，教師が他教科の見方・考え方を理解し，生徒がもつ知識・技能の引き出しを開けやすいような場や声かけが必要となる。今後も生徒が学びを深められるプロセスを考えていきたい。

● 第2部／「空間を彩るピクトグラム」・3年生

美術科実践例①

1 題材で育成したい美術科の資質・能力
〔目指す生徒の学ぶ姿〕

　伝える目的や条件などを基に，形や色彩などを用いて，分かりやすく，美しく伝達する学習を通して，生活や社会の中の美術と豊かに関わる力。〔身近な生活の中で使われているピクトグラムの制作や鑑賞を通して，生活や社会の中の美術と豊かに関わろうとする姿〕

2 題材について

　ピクトグラムは，情報を分かりやすく，美しく伝えることはもちろん，その空間の雰囲気に合うようにデザインされ，居心地のよさも生み出している。

　第1学年では，ピクトグラムについて鑑賞をし，多くの人に情報を伝えるための形や色彩などの工夫について考えた。第2学年では，本校の近くにある弘明寺商店街のお店のロゴマークを制作することを通して，多くの人に伝えるデザインにおいては，概念を視覚化し単純化することが重要な要素であることを学習した。それらの授業の中で生徒は，多くの人が共通して感じる形や色彩のイメージについて考えを深めた。本題材では，今までの学習をつなげ，空間を彩るピクトグラムとはどんなものなのかを，造形的な見方・考え方を働かせ考えていく。また，本題材での学びがTOFYや他教科，日常生活の中などの思考を巡らせる場面で，対象や事象を造形的な視点から考えることや，生活や社会を美しく豊かにする美術の働きに気付き，創造的に考えを巡らせることにつながることを期待したい。

3 題材の学びを支える指導事項
　　（◎特に身に付けたい指導事項，・機能的習熟を目指す既習事項）

◎伝える目的や条件などを基に，伝える相手や内容，社会との関わりなどから主題を生み出し，伝達の効果と美しさなどとの調和を総合的に考え，表現の構想を練ること。（A表現（1）イ（イ））

◎目的や機能との調和のとれた洗練された美しさなどを感じ取り，作者の心情や表現の意図と創造的な工夫などについて考えるなどして，美意識を高め，見方や感じ方を深めること。（B鑑賞ア（イ））

・絵の具等，用具の特性を生かし，意図に応じて表現方法を追求して創造的に表すこと。

・絵の具等の特性などを考え，見通しをもって表すこと。（A表現（2）ア（ア）（イ））

4 学びの実現のための指導の工夫
（1）教科の本質への迫り方

　表現や鑑賞の場面で，対象や事象を造形的な視点から考えさせたい。そのためには，定まった答えのない問いを投げかけることが大切である。

　題材名は，「空間を彩るピクトグラム」とし，生徒たちにとってなじみ深い学校近くの商店街に使用するピクトグラムを考える活動を通して，造形的な見方・考え方を働かせながら分かりやすく，美しく伝達する生活や社会の中の美術と豊かに関わる力をつけていきたい。

（2）「見通す・振り返る」学習活動

　主題を生み出し，主題を実現するためにどのような過程が必要か，振り返りと見通しを繰り返しながら活動できるよう，毎時間ごとに思考ボードで自分の考えや学びを振り返る機会をつくる。また，対話する場面を多くつくり，多様な見方や感じ方に触れたり，自分の主題を相手に伝えたりすることで，主題を明確にできるようにする。

（3）知識・技能の構築

本題材では，多くの人に分かりやすく，美しく伝達するためには形や色彩をどのように工夫すればよいかを，造形的な見方・考え方を働かせて考えさせたい。ピクトグラムは，多くの人がそれを見たときに共通したイメージをもつことが大切になる。そのため，本題材ではグループ活動を多く取り入れ，多様な見方や感じ方に触れられるようにした。そうすることで，造形的な視点が豊かになることを期待したい。

5　授業の実際

授業の導入として，様々な場所で使われているピクトグラムを鑑賞した。「場所に応じてピクトグラムのデザインが異なるのはなぜか」と問うと，生徒は造形的な見方・考え方を働かせながら，答えを導き出そうと思考していた。さらにグループでの対話を通して，見方や感じ方を広げている様子が見られた。

第2次からは，グループで，商店街のイメージを共有し，弘明寺商店街を彩るための形や色彩を決め，コンセプトに基づいてそれぞれがピクトグラムを制作していった。グループでコンセプトについて話しているときは「商店街は，温かい雰囲気がするから暖色系を使っていこう」「アーチが特徴的だから，アーチを単純化して入れよう」「あまり単純化しすぎると伝わらない」など，造形的な見方・考え方を働かせながらグループでの対話を通して発想や構想を深めている姿が見られた。

第4次の自分たちの作品を鑑賞する場面では，グループのコンセプトは伏せ，グループごとに作品を並べ，そのピクトグラムが空間を彩るためにどのようなコンセプトでつくられているのか，また，より多くの人に伝わるようなデザインになっているかなど，美とピクトグラムとしての機能の両面から考えさせ，グループごとに鑑賞し，その気付きを付箋に書いてコメントを残した。このように，最初にグループで決めたコンセプトを伏せることで，生徒は今までの活動の中で培われた造形的な見方・考え方を働かせて鑑賞をしていた。その後，グループで付箋のコメントを見ながら振り返りを行い（**図1**），全体で鑑賞をした。生徒は対話をしながら，デザインを通して想いが伝わる喜びや，伝える相手や地域を思って生み出したコンセプトと伝達の効果との調和について考えを巡らせていた。

図1　グループでの振り返りの様子

授業後の振り返りには「鑑賞から色や形にはたくさんの思いがつまっていることに気づいた」「班で取り組むことで，新たな考えが思い浮かんだり，学びが深まったりした」，また**図2**のように，今までは気付かなかった生活や社会の中の美術に気付き，分かりやすく，美しく情報を伝える美術について見方や考え方を広げている姿が見られた。

（元山　愛梨）

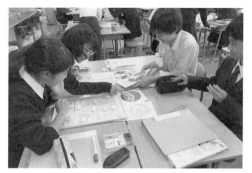

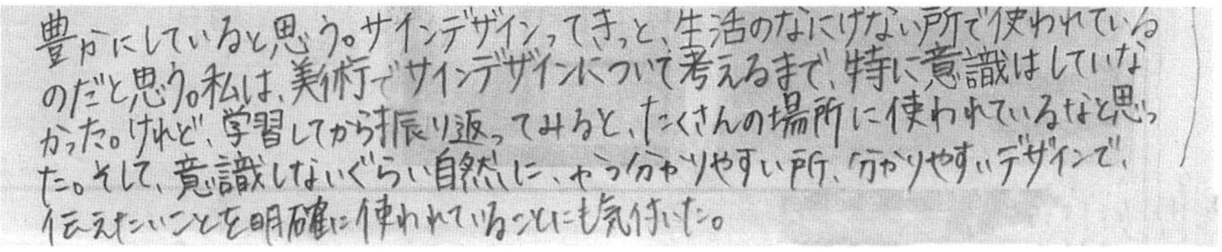
豊かにしていると思う。サインデザインってきっと，生活のなにげない所で使われているのだと思う。私は，美術でサインデザインについて考えるまで，特に意識はしていなかった。けれど，学習してから振り返ってみると，たくさんの場所に使われているなと思った。そして，意識しないぐらい自然に，かつ分かりやすい所，分かりやすいデザインで，伝えたいことを明確に使われていることにも気付いた。

図2　授業後の振り返りにおける生徒の記述

[資料]　資質・能力育成のプロセス（11時間扱い）

次	時	評価規準 ※（　）内はAの状況を実現していると 判断する際のキーワードや具体的な姿の例	【　】内は評価方法 及び Cの生徒への手だて
1	1	態　造形的な視点から共通点や相違点を見つけ出そうとしている。（○） 知　様々な場所で使われているピクトグラムの形や色彩の性質やそれらが感情にもたらす効果などを理解している。（○◎） （A：空間に合うようつくられたピクトグラムから、多くの人に情報を伝える形や色彩などの働きやイメージについて理解している。） 思　様々な場所で使われているピクトグラムの鑑賞を通して、造形的な視点をもち、社会や生活を豊かにする美術の働きについて見方や感じ方を深めている。（○◎） （A：造形的な視点を豊かにもち、ある空間で使われるピクトグラムの要素とは何かの根拠を明確にしている。）	【行動の観察】 C：既習のピクトグラムやロゴマークでの学びを振り返らせる。 【ワークシートの記述の分析】 C：ピクトグラムの形や色彩に注目させる。 C：他者の意見を聞き、ピクトグラムの形や色彩ついて考えさせる。
2	2 ― 5	態　造形的な視点から、社会や生活を豊かにするピクトグラムを考え、主体的に取り組もうとしている。（○） 思　既習事項の学びを反映させ、空間を快適で居心地の良いものにするためのデザインを練っている。（○◎） （A：造形的な視点を豊かにもち、空間を快適で居心地がよいものにするためのデザインを、客観的な視点をもって練っている。） 態　造形的な視点から考え、他者の意見も聞きながら見方や感じ方を深めようとしている。（○）	【行動の観察】 C：既習事項を確認して、造形的な視点から考えさせる。 【アイディアスケッチの分析】 C：既習事項を確認させ、班で出たイメージを造形的な視点から考えさせる。 【行動の観察及び思考ボードの分析】 C：造形的な視点や客観的な視点を意識させる。
3	6 ― 10	知　形や色彩の性質、それらが感情にもたらす効果などを理解し、作品を制作することができる。（○◎） （A：造形の要素やイメージを考えるとともに、視認性や単純化を意識して表現している。） 知　発想や構想したことを見通しをもって具現化することができる。（○◎） （A：造形的な視点を豊かにもち、より伝わりやすく工夫して表現している。）	【作品及び思考ボードの分析】【行動の観察】 C：視認性を意識させる。 C：ピクトグラムやアクリルガッシュの既習事項を確認させる。
4	11	思　様々な作品の鑑賞を通して、見方や感じ方を深めている。（○◎） （A：造形的な視点を豊かにもち、社会や生活を豊かにする美術の働きについて見方や感じ方を深めている。） 態　様々な作品を鑑賞し、生活や社会の中の美術の働きについて自分の価値意識をもって味わおうとしている。（○）	【ワークシートの記述の分析及び思考ボードのまとめの分析】 C：造形的な視点を意識させ、鑑賞させる。 C：身近なピクトグラムを例に挙げ、もしそれらがなかったらどうかを考えさせる。

○は主に「指導に生かすための評価」，◎は主に「記録するための評価」

主たる学習活動	指導上の留意点 ☆：「深い学び」を生み出す工夫	時
・様々な場所で使われているピクトグラムを鑑賞する。 ・それぞれのピクトグラムの共通点や相違点を個人で考える。 ・ある空間で使われているピクトグラムをデザインするために大切なことを個人で考える。 ・上記の2点について班で話し合う。 ・使われている空間によってピクトグラムのデザインが異なるのはどうしてか班で話し合う。 ・全体で振り返り，学びを共有する。	・様々な場所で使われているロゴマークを比較し，共通点や相違点を話し合うことで，ピクトグラムをデザインする上で大切な要素に気付かせる。 ・既習のピクトグラムやロゴマークの学びから，概念を視覚化し，形や色彩を単純化することなどをふりかえらせる。 ☆使われる空間によってピクトグラムのデザインが異なるのはどうしてかを造形的な視点から考えさせ，空間の雰囲気に合わせてデザインされていることに気付かせる。	1
【課題】 商店街の空間を彩るピクトグラムをデザインする。 ・班に分かれて，地域のイメージを話し合う。 ・班で地域のイメージを形や色彩に落とし込む。 ・空間のどの場所にピクトグラムを設置するかを個人で考え，班で決めたイメージを大切にしながらアイディアスケッチを行う。 ・班でアイディアを見せ合い，意見交換する。 ・班で出た意見を振り返りながら制作するピクトグラムのデザインを再考する。	・その空間を快適で居心地がよいものにするためにはどのようなピクトグラムがよいかを，造形的な視点から考えさせる。 ☆付箋に地域のイメージを書き，出た意見を班でカテゴライズさせる。 ・既習の形や色彩などの性質やそれらが感情にもたらす効果などを振り返らせる。 ☆班で活動することで，より客観的な視点でデザインを考えさせる。 ☆多くの人に伝わるデザインであるかどうか，空間の雰囲気にあっているかという点を，造形的な視点をもって意見交換させる。 ・既習の概念を視覚化し，単純化することを意識させる。	2 ｜ 5
・決定したデザインを清書し，着色する。	・アクリルガッシュの特徴や性質を確認させ，見通しをもって制作させる。 ・視認性を意識させて，制作させる。	6 ｜ 10
・班ごとに，コンセプトをホワイトボードに書く。 ・鑑賞しながら，付箋にコメントを書き，班のホワイトボードに貼る。 ・班で形や色彩の働き，イメージについて振り返る。 ・伝える目的や条件などを基に形や色彩などを用いて，分かりやすく，美しく伝達する生活や社会の中の美術の働きについて考える。 ・毎時間振り返りをした付箋を基に，題材で働いた思考をワークシートに整理する。	☆多くの人に伝わるデザインであるかどうか，その空間が快適で居心地のよいものになるかなどを，造形的な視点から鑑賞させる。 ☆貼りためた付箋を基に，題材を通しての気付きや学び，自分の思考の変容などをまとめさせる。	11

第2部 | 各教科の実践

保健体育科

実践例①〜②

1　本校保健体育科が考える教科の本質と実現したい生徒の学ぶ姿

本校の保健体育科の本質は，次のとおりである。

①協働的な学習を通して，見方・考え方を働かせ，知識及び技能を構築，活用し，学習活動の振り返りを行うことで，仲間とともに課題を解決する力を育成する。

②生涯にわたって心身の健康を保持・増進させ，体力の向上を目指し，明るく豊かな生活を営む態度を養う。

体育分野では，協働的な活動を通して，運動やスポーツの特性に応じた行い方を学び，知識及び技能の構築を行う。身に付けた知識及び技能を活用して，課題に応じた活動の選択，練習や試合等の状況に応じた活動の工夫ができるよう促す。活動の後には振り返りを行い，運動と思考・判断・表現を常に往還させることで，仲間と共に課題を解決する力が育まれていく。学習を通して仲間と共に運動やスポーツをすることの楽しさや喜びを見いだし，主体的に運動に取り組むことができるような流れになるよう，単元や授業展開を練り上げる。そういった授業を繰り返すことで育成，涵養された資質・能力によって，全ての生徒の豊かなスポーツライフの基盤を形成したい。

保健分野では，社会の変化に伴って生まれてきた現代的な健康に関する課題にどのように取り組むか考えさせたり，情報化社会の進展による膨大な情報の中から適切な情報を選択させたりする態度を養えるような授業展開を考える。生涯にわたって正しい健康情報の選択や，健康に関する課題解決に主体的に取り組むことができるようにしていきたい。

上記のことを基として，本校体育科では体育分野，保健分野で共通する生徒の学ぶ姿を，「協働的な学びを通して，互いの能力を認め合いながら，学習した内容を活用し，仲間と共に深め合う姿」として，授業に取り組んだ。

2　「学びの深まり」を生み出すための授業づくりにおける工夫点

(1) 比較をすることで生まれる「疑問」を解決するための学びの工夫

体育の授業では，単元の前半に学習する「基礎技能の定着」において，自らの動きと仲間の動き，または手本となる生徒の動きを比較し，互いに検証し合う時間を設けている。そのような時間を設けることで，視覚によって得た情報からの「自問自答」を促し，仲間のアドバイスによる「自問他答」や教師側から提示された質問に対して仲間と共に考える「他問他答」へと，考えを深められる連鎖作用がおこる。それにより，自分の考えを整理するとともに，仲間の意見を聞くことで，知見を広げ，さらなる探究活動へと結び付けることが可能になると考える。単元の後半に行われる，ゲームや発表等では，生徒の学びの履歴を基に，活用，応用ができる「挑戦的な評価課題」に取り組ませ，さらなる疑問に対して解決することができるように工夫する。

（2）「～したい」の意欲を引き出し，さらなる学びに発展させるための工夫

　体育の授業では，単元の初めにその種目に挑戦するにあたり，場面に応じてどのような技能が必要なのかを考えさせる。そうすることで生徒は，「～ができるようになりたい」という意欲をもつ場面が多い。例えば，ゴール型では「ゴール，シュートを決めたい」「パスをうまくつないで点を入れたい」，ベースボール型なら「遠くまで打ちたい」「アウトを取りたい」「速いボールを投げたい」等，その種目で必要とする技能を身に付けようとすることで，種目の特性やその技能の必要性を知り，それをゲーム等で活用しようとする。仲間と協力して活動する中では，互いの気付きを共有し，そこから課題を見いだし，課題達成のために必要な「スモールステップ」を多く取り入れる工夫をする。課題への気付きには，生徒同士の表現だけではなく，教師側が生徒の学習ノートや，授業中の発言から課題の基になるキーワードを拾い上げ提示し，そこから生徒たちが選択できる方法も活用する。

3　実践の成果と今後への課題

　学習の場面では，協働的な学びを通して，種目の特性を理解していく中で，「～ができるようになりたい」という意欲，「どうやればこれはできるのだろうか」という疑問に対し，解決の視点を明確に定め，自問自答や自問他答を重ねることで技能を習得し，問題を解決することができた。また，新たな疑問に遭遇することで生徒に学習への没頭が生まれて，次のステップに主体的に参入していく学びの連動が見られた。生徒同士で教え合いながら学習し技能の構築を行う授業では，アドバイスをするべき場面や方法等を事前にキーワードとして伝えたり，既習の種目と照らし合わせて説明したりする場面を設定する等，教員側が意図的に仕掛けることで，自問他答・他問他答の場面で答えに困る生徒や，技能を身に付ける際の手立てとすることができた。また，単元を通して，「課題発見」→「検証」→「習得，構築」→「改善」→「さらなる課題発見」という流れを繰り返すことを軸にすることで，生徒が自ら進んで，自己の知識や技能の構築，それらを活用した思考力・判断力・表現力等の育成を常とすることができた。そして，前述の流れは，「他の場面でも活用できる」と述べる生徒もいた。（図1）

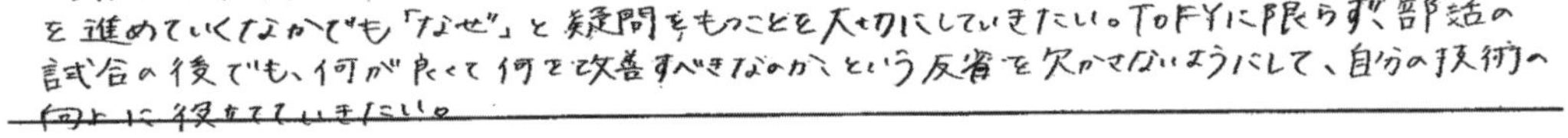

> 4．ソフトボールの授業で身に付けたことをどのようなときに役立てたいですか。
> "課題の発見，改善策の検討，実践"というのは正にTOFYで求められる力なので，これから自分の研究を進めていくなかでも"なぜ"と疑問をもつことを大切にしていきたい。TOFYに限らず部活の試合の後でも，何が良くて何を改善すべきなのかという反省を欠かさないようにして，自分の技術の向上に役立てていきたい。

図1　単元を通して得られた生徒の気付き

　それとともに，生徒の考えを今まで以上に拾い上げられるような教材をどう研究していくか，生徒自身に決定させた課題練習が，試合や発表にどれだけの成果を与えたのかという「妥当性」をどう議論させていくかが課題となった。これからも生徒による気付きや疑問を新たな課題へと発展させ，それらを軸にしてさらに深い探究へと促す学びの場づくりをすすめていきたい。

● 第2部／「バスケットボール」・1年生

保健体育科実践例①

1 単元で育成したい保健体育科の資質・能力〔目指す生徒の学ぶ姿〕

グループ全員がそれぞれの能力を認め合い，高め合いながら，その個々の能力に合った作戦を立て，目標に向かって取り組む力〔自己や他者，チームの課題に気付き，協働的な学び合いの中で課題解決しようとする姿。また，それぞれの能力にあった練習計画や作戦を立てたり，自己の役割を果たしたりしながら活動する姿〕

2 単元について

本単元「バスケットボール」において，単元を貫いた課題として「突破」をキーワードに掲げ，自チームで表現できる「突破」を目指す。その中でバスケットボールの特性を味わわせるとともに，体育の見方・考え方を働かせて，自己に適した「する・みる・支える・知る」について考えさせたい。

そのためには，個人のボール操作を試合で使えるように互いに教え合いながら高めたり，個の能力を認め，それぞれに合った作戦を立てたりして，チームで試行錯誤しながら進めていくことが重要である。また，自己やチームの課題を発見し，その課題を解決できるようにお互いに気付いたことを伝え合い，練習法を見付けていくことを進めていくことも大切である。

3 単元の学びを支える指導事項
（◎特に身に付けたい指導事項，・機能的習熟を目指す既習事項）
◎仲間と連携した動きで攻防を展開すること
・球技の特性や成り立ちを知ること
・技術の名称や行い方を理解すること

4 学びの実現のための指導の工夫

（1）「見通す・振り返る」学習活動

自己やチームの課題を達成するためには，単元終了までの目標を立て，毎授業の目標をもたせる。授業後には，自己やチームの取組について話し合いや学習ノートなどを使っての振り返り活動を行い，気付きに注目させる。ICTを使って動きを可視化し，付箋を使ってチーム内での意見交換をする。また，他チームの活動を見る時間をつくり，課題練習やゲームなどで気付いたことの意見交換を行う。

（2）実践場面の設定

単元を通しての全体テーマを「突破」とし，常に"突破をするためには"という問いを投げかけ考えさせた。

単元の中で，チームで考え合う場面を設定し，試行錯誤しながら解決方法を考えさせた。各班の知識・技能の構築状況を見て，挑戦的な評価課題を設定した。具体的には，「フリーの選手をつくり，見つけ，突破するには」「突破しよう!!」という課題を与え，能力に合わせて動きを考えさせる活動へとつなげた。

（3）知識・技能の構築

個人で習得した基本的な知識や技能（パス，ドリブル，シュートなど）を攻防の中でどのように使っていくかなど，仲間との関わりを通して個から集団への広がりをもたせていく。集団の中で気付いたことを今度は個に戻し，その「知識・技能」をより深めていく。そしてまた深めた個人の能力を集団の中で発揮していくというように，個と集団との往還関係の中で，思考力・判断力・表現力を働かせて「知識・技能」を深めていく。

5　授業の実際

どのクラス，どの班も知識・技能が構築されてきたので，挑戦的な評価課題「突破しよう」を設定した。オープンエンドな課題を設定したので，生徒たちは構築してきた知識・技能を自由につなぎ合わせ，自分たちができる「突破」を考えていた。その際，ホワイトボードに授業や学習ノートで出てきたキーワードを貼り付ける工夫を施した（図1）。本時のねらいを理解している班は「空間を意識して動く」「味方の位置をいつも確認する。ボールを持っていない人は気付いたことを声に出して伝える」「ボールを持っている人に集まりすぎているので広がってコート全体を使う」などの目標を立て，「突破」につながる意見やアイディア，話し合いが行われていた。その反面，うまくねらいが理解できない班では，本時の課題はオフェンス側の内容であったが，ディフェンス側の話を中心に行っている班もあった。ズレを感じた生徒や班には，授業中や学習ノートを使って個別の指導を行った。

本時までにバスケットボールの特性に触れ，楽しさを感じることができていたため，自ずと今回の挑戦的な評価課題は前向きに取り組めていた。一人一人の知識や技能，思考力・判断力・表現力はまだ満足できるところまではきてはいないが，協働的な学び合いの中で学びを深めていく流れをつかみ始めているように感じた。

試合終了後に，相手チームについてコート内外から見て，気付いたことを伝える時間を設けた。こちら側からは「よかった点を伝えられるように相手を見ておくように」と伝えたところ，多くの生徒が相手のよかった点について伝えていた。様子を観察していると，同じ人しか言葉で伝えられていなかったり，見る視点を伝えていなかったため，相手のよい点を伝えてはいたが，本時の課題についての内容でなかったりとブレを感じさせる発言

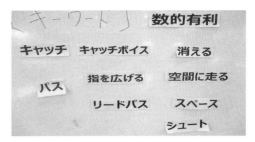

図1　授業キーワード

図2　伝え合い活動

もあった。また，相手と伝え合うときにお互いがその日の意識したことを再度代表者から伝えさせてもよかった。そうすることで視点が定まり，意見の深まる交流ができていたのではないかと感じた（図2）。

課題を解決するための練習，それを意識した試合，試合後の相手チームとの伝え合い活動を通して，個人から自チーム，自チーム（個）から相手チーム（集団）へと学びが広がっていった。課題としては集まった意見を最後に自チームに戻し，伝えてもらった意見や課題解決するための活動がどうであったかなど省察する時間が欲しかった。しかし，授業後の生徒たちのつぶやきなどから読み取れたのは，「自分や自チームでは考えられなかったことを相手チームから教えてもらい，新たな発見が見られた」など，学びが深まり，つながる様子であった。今後は多様な他者との関わりの中で学びが深まる経験を重ね，日常生活でも他者を意識できる集団を目指したい。

（中山　淳一朗）

[資料]　資質・能力育成のプロセス（10時間扱い）

次	時	評価規準 ※（　）内はAの状況を実現していると判断する際のキーワードや具体的な姿の例	【　】内は評価方法 及び Cの生徒への手だて
1	1-3	知　バスケットボールの特性，成り立ちや技術の名称や行い方を理解している。（〇） 態　安全に留意して取り組もうとしている。（〇） 知　技術の名称や行い方を理解している。（〇） 態　協働的な活動に積極的に取り組み，仲間の学習を援助したりしようとしている。（〇〇） （A：主体的な取組が見られ，仲間へ適切なアドバイスをしている。） 知　ゲームを展開するための基本的な技能を習得している。（〇）	【学習ノートの記述の確認】 C：実技書などを用いて技術や特性，これからの見通しについて確認させる。 【行動の確認】 C：安全に対しての重要性を確認したり，手本や仲間の様子などを見せたりしながら理解させる。 【行動・発言の分析】 C：つまずきなどに耳を傾け，資料集や仲間の動きなどから再確認させる。
	4-5	思　課題に応じた練習方法を選んでいる。（〇〇） （A：自他の課題を自覚して，練習方法を選んでいる。） 態　分担した役割を果たそうとしている。（〇）	【行動の確認】【発言の分析】 C：技のポイントを確認し，練習方法を理解させる。 【行動の確認】 C：役割に気付かせ，何をするべきかを確認させる。
2	6-9	思　技術の名称やゲームの行い方について，学習した具体例を挙げてまとめている。（〇〇） （A：学習した内容が具体的に挙げられ，自分の考えも述べられている。） 思　課題解決のために工夫した点，さらに課題が出てきた点など，次につながる振り返りができている。（〇〇） （A：具体的に振り返りができており，次回の取組を考えることができる。）	【学習ノートの記述の分析】 C：授業で取り組んだ内容を確認させ記入させる。 ゲーム進行や審判方法を確認させる。 【学習ノートの記述の分析】 C：授業の取組や仲間との関わりも思い出させながら記入させる。
	10	態　自己やチームでの取組，学びについてまとめようとしている。（〇〇） （A：課題に対して，習得した知識や技能，アドバイスを積極的に活用している。） 思　今までの取組を振り返り，変容や成果をまとめている。（〇〇） （A：具体的事例を挙げ，変容や成果をまとめている。）	【行動の確認・学習ノートの記述分析】 C：本単元を振り返り，自己の変容や理解できたことなどを具体的に確認させる。

○は主に「指導に生かすための評価」，◎は主に「記録するための評価」

主たる学習活動	指導上の留意点 ☆：「深い学び」を生み出す工夫	時
単元テーマ　　　突破！！ ・学習の見通しや進め方を知る。 ・バスケットボールの特性，技術の名称や行い方について確認する。 ・基本的な技能の確認を行う。 　（パス，ドリブル，シュート） ・試しのゲームを行い，自己やチームの課題を見つけ，今後の目標や練習計画を立てる。 ・技能のポイントや自己，チームの課題，課題の解決方法や理解できたことを振り返り，学習ノートに記述して残す。	・安全面に留意しながら取り組ませる。 　（服装，装飾品，活動場所，用具など） ☆活動班でお互いの動き（技能）を見合い，気付き合う中で，各自の現状を把握させる。 ・ほめる言葉かけや本時のキーワード（学習ノートなどの振り返りや授業中のつぶやきから課題となる点を明確にした学びの視点）を活用する。 ☆学習ノートには毎時間目を通し，より深い学びにつながるようにコメントを添えたり，言葉かけをしたりする。 ・審判法（ルールや審判の動作，合図）を理解させ，スムーズにゲームを進行できるようにする。 ・体感したことも含めて，具体的に記入するように促す。	1 ― 3
【共通練習】 ・ボール遊び　・ハンドパスゲーム　・シュートなど 【各班での課題練習，ミニゲーム】 フリーの選手をつくり，見つけ，突破するには ・自己やチームの課題に合った練習を計画する。 　（ボール操作，突破の練習，空間への動き，ゴール前の攻防，2：1，3：2など） ・他チームを見て評価する。チームを越えての気付き合い，教え合い活動を行う。 　（課題に向けての練習内容や方法）	☆デジカメやTPCを使って可視化することで，動きに関する考え方を深める。 ・共通練習では，その練習目的を意識させながら行わせる。 ・付箋を使って気付いたことを記入させる。 ・練習したことをゲームで生かせるように具体的な声かけを行う。	4 ― 5
【交流戦と課題練習】 突破しよう！！ ・ゲームの進め方を理解する。 ・他チームを見てその日の課題に合った活動になっているかなどを評価する。チームを越えての気付き合い，教え合い活動を行う。 　（課題に向けての練習内容や方法） ・練習とゲームを繰り返し行い，振り返りから課題を見つけ，課題解決に向けた練習を行う。 ・技能のポイントや課題，解決方法や理解できたことを振り返り，学習ノートに記述する。	・ゲーム後は，自チームや相手チームと，気付いたことの意見交流の時間をもたせる。 ・課題を解決することを意識させ，勝つことだけにこだわりがいかないようにする。 ☆ゲームごとにチームミーティングを行い，次時への課題に向けて振り返る。 ・体感したことも含めて，具体的に記入するよう促す。	6 ― 9
・バスケットボールの授業を通して，自己やチームの成長，変化について振り返り，学習ノートに気付いたことなどをまとめる。	☆単元前と単元後ではどのように関心意欲，知識や技能が変わったのかに気付かせる。 ・仲間と協力することや課題をどのように思考判断して解決していくかなどを今後の学習内容や実生活に生かせるように振り返らせる。	10

●第2部／「ソフトボール」・2年生

保健体育科実践例②

1 単元で育成したい保健体育科の資質・能力〔目指す生徒の学ぶ姿〕

協働的な学習を通して，知識及び技能と思考力・判断力・表現力等をつなげて考えることで，自己の技能の向上や思考の変容に気付き，さらに活用する力。
〔協働的な学習を通して，個人やチームの能力に応じた課題に対し，作戦立てや解決に向けて工夫を施し，身に付けた技能を発揮しながら，仲間と連携してゲームを展開する姿〕

2 単元について

本単元「ソフトボール」では，ボール操作やバット操作などの基本技能を身に付けるとともに，ゲーム展開では，勝敗を競う楽しさや喜びを味わうだけでなく，自らが習得した知識を活用したり，応用したりして取り組むことができることを目指す。その実現のために，チーム内での話し合いや作戦タイムなどを利用した主体的な取組を通して，思考力・判断力・表現力等の育成を図り，「検証タイム」を活用して，自らの発見から仲間との相違について考えさせることで，課題解決につなげていきたい。「検証タイム」では，ボールの行方や走者の位置による規則性のあるゲーム展開だけではなく，予測していない展開にこそ，効果的である。このように，それぞれの問いに向き合う時間を設けて取り組ませることで，自らの課題やチームの課題を解決できるようにしていきたい。

3 単元の学びを支える指導事項
　　（◎特に身に付けたい指導事項，・機能的習熟を目指す既習事項）

◎基本的なバット操作やボール操作，仲間と連携した動きで攻防を展開できるようにすること。
・ソフトボールの特性を踏まえ，課題を発見し，合理的な解決に向けて自己や仲間の考えをわかりやすく伝えること。

4 学びの実現のための指導の工夫

（1）教科の本質への迫り方

技能を身に付けるためには，自らの取組から分かることだけでなく，その種目の特性を理解することで，知識や技能の習得へとつながる。また，仲間の動きを観察して伝えることや仲間の視点も活用して，どのように体を動かせばよいのかを共に考え，それを具現化・体現化することを通して思考力・判断力・表現力等を養い，解決に向けた工夫ができるようになると考える。

（2）「見通す・振り返る」学習活動

「ねらい」から課題設定をする際に，生徒自身がゲームや練習を観察し，個や集団でどのような技能や作戦を必要とし，それらを活用するための練習は何を選択するとよいか，という「見通し」をもつ。また単元を通して，知識及び技能と思考力・判断力・表現力等をつなげて「振り返り」をすることで，よりよい課題解決を目指したり，さらなる課題を発見し学びを深めることへとつながる。

（3）実践場面の設定

協働的な学習を通して，段階のある実践を作り出す。技能を身に付けると同時にそれをゲーム展開で活用できるように，技能に合った簡易ゲームを行い，身に付けた知識や技能を違った状況でも活用可能なものにする。仲間と見合うことやアドバイスをすることで，自分では気付かないことに着目して，さらに自分の知識として獲得することを可能にする。また，技能のみを身に付けるのではな

く，どうしてその技能が必要になるのか，どうやったらその技能を身に付けられるのかを思考して体現化を図ることで，知識と技能，思考力・判断力・表現力等のつながりを深める。

5 授業の実際

ソフトボールが初めてという生徒が多い中，生徒が興味をもち，自ら進んで種目に取り組むことができるように，「本時のねらい」を提示し，それを踏まえて自己・チームの課題を立て学習をするということを行ってきた。単元8時間目「1 UP～ワンアップを目指す～」では，何を1 UPしたいかという着目点が多数になると予想されたので，
①前時の試合から，チームとして"できること""これから伸ばす必要があるところ"を出し合い，現状についての「気付きの瞬間」（発見）をとる。（図1）
②生徒から出された内容からどのような課題が必要になるのか，足掛かりを作るために教師が予想を立て提示する。また教師から，「スロー（throw, slow）を2つの視点として捉え，送球場所，速度に合わせて使い分ける」や「投球や打撃の際の力の作用について考える」などの，生徒の考え方やアドバイスの仕方の工夫につながるような助言をする。
③チームの中で「これは絶対に1 UPさせたい」というものを①②から見つけ出し，練習内容を考えさせる。という手順で学習を進めた。

図1　試合を通してのチームでの発見

生徒の課題には，「捕球から送球のタイミングやスピードを速めるには。」「捕球をしたときに最初にどこに投げるべきか。」など守備に関する簡単なものが多く，ゲーム形式の練習を選択するチームが多かった。しかし，練習を行う中で，「バウンドの捕球をもっと丁寧に行ったほうが良い。バウンドするボールをどのタイミングでとるのが望ましいか。」「バッターの向きによってボールの来る方向が変わる可能性があるから，守備の場所を変えて練習を行おう。」など，今までの学習によって身に付けた知識や技能を活用し，自ら考え（検証），疑問に思うことや場面に応じて必要性のあることなど，気付きから練習の内容をさらに工夫（改善）をして，種目の特性を捉えて学習を深めていた。

生徒は，学習過程の前半で，「気付いたことはどんどん伝え合う。フォームの真似をして何が違うのか，どうしたらよいかを互いに気付くことで，直してみたり，理想のフォームをイメージしながら繰り返したりして行ううちに体が慣れてきた。」，また後半には，「ボールは捕れるようになったが，投げる先に人がいないから，カバーに入ることを意識した。しかし，ずっと塁にいるとボールを追いかける人が少なくなってしまうので，塁の近くにいて入れるといい。」というように，達成感や新たな気付きが見られた。

「発見」「検証」「改善」を学習の軸とし，生徒に気付いてほしいことを焦点化して伝えることによって，生徒は自らの学習経験から具体的な課題を見つけ出し，仲間と協力して解決するように，学習を進めることができた。また，その解決方法が妥当性のあるものだったのかを更に検証する場面を作り出すことで，さらなる学習の深まりにつながるのではないかと考え，今後の授業に活用したい。

（和田　真紀）

[資料] 資質・能力育成のプロセス（10時間扱い）

次	時		評価規準 ※（ ）内はAの状況を実現していると 判断する際のキーワードや具体的な姿の例	【 】内は評価方法 及び Cの生徒への手だて
1	1 ｜ 4	知	ソフトボールの特性を知ろうとしている。（○）	【発言の確認】【学習カードの記述の確認】 C：既習事項から質問し，知識を確認させる。
		思	知識を活用して仲間に伝えることができる。（○）	【発言の確認】 C：既習した球技から共通する内容を確認させる。
		知	仲間の動きを見て，共に技能を習得することができる。（○）	【技能の確認】 C：実技本から，動きを分解・分析して確認させる。
		思	動きと見本の動きを比較し，知識を活用して仲間に伝えることができる。（○）	【発言の確認】【学習カードの記述の確認】 C：見本と比較できるように見方を確認させる。
		態	仲間にアドバイスをすることができる。（○）	【行動の確認】 C：仲間の学習を援助できるように学習したことを再確認させる。
		知	ソフトボールに必要な技術を身に付けている。（◎） （A：技術を身に付け練習で活用している。）	【技能の分析】【学習カードの分析】 C：動きを分解させ，動きを細かく確認させる。
	5 ｜ 6	思	自己の課題やチームの課題を明確にして練習を選んで，練習することができる。（○）	【行動の確認】 C：練習例パネルを活用して課題に合った練習内容を確認させる。
		知	試合の行い方を理解し，ゲームに必要な技能を身に付けている。（○）	【技能の確認】 C：練習した内容を振り返らせ確認する。
2	7 ｜ 10	思	ゲームを振り返り，チームで話し合って課題，練習を選んでいる。（○）	【行動の確認】 C：実技本や練習パネルから課題に合った練習内容を確認させる。
		知	試合の行い方を理解し，ゲームに必要な技能を身に付け，ゲーム展開できる。（◎） （A：ゲームに合った技能を活用している。）	【ゲームでの技能の分析】 C：練習した内容を振り返らせ，展開に合った内容を確認させる。
		思	ゲーム展開を理解し，学習した知識を活用して仲間に伝えることができる。（◎） （A：基本の技能を身に付け，知識を活用させて，説明することができる。）	【発言・学習カードの分析】 C：グループ内で役割分担をしてアドバイス内容を確認させる。
		態	ソフトボールに積極的に取り組み，自己の意見を伝えることができる。（◎） （A：既習事項を活用させて，意見を分かりやすく伝えることができる。）	【ゲームでの発言の分析】 C：ソフトボールの特性を再確認し，仲間と協力して活動したり，アドバイスしたりできるきっかけを与える。

○は主に「指導に生かすための評価」，◎は主に「記録するための評価」

主たる学習活動	指導上の留意点 ☆：「深い学び」を生み出す工夫	時
球技の学習で必要な内容を挙げる。 ソフトボールの特性や必要な技術を挙げる。 仲間と協力して，基本技能を身に付ける。 「キャッチ，投球，打撃」 a 見本の動きから真似してみる。 b 自分の動きと見本の動きを比較してみる。 c 仲間と協力をして，どのように違いがあるのかを検証し技能を獲得する。 （a⇒b⇒c の流れで学習し，b⇔c は常に繰り返し行う。） 身に付けた基本の技能を活用して，チームで練習を行う。 ・キャッチボール，バッティング，送球 ・2人組から4人組，ポジションについてと段階を上げる。 チームの練習で気付いたことを共有する。	・今，知っていることや今までの学習から，予測して答えるように伝える。 ・それぞれの技能について，実技本，TPCを活用して確認させる。 ・見本の動きと自己の動きについて比較をさせる。 ☆知り得た情報を活用して，動きの説明ができるようにさせる。 ☆「検証タイム」を用いて，身に付けた知識を活用して，技能の定着を図る。 ・チームで連携してゲーム展開をするために必要な練習について，提示された練習内容から選ぶ。 ☆選んだ練習を行い，学習で身に付けた知識を活用し，仲間で意見を伝え合うようにさせる。	1 ｜ 4
簡易ゲームを行う。 ・内野のスペースで4－4ゲーム。 ・打者4人または，3アウトで攻守交替。 ・審判チームは，アドバイスを行う。	・簡易ゲーム中に，気付いたことをアドバイスさせる。 ・審判チームに，各チームの課題を把握させて検証し，アドバイスさせる。	5 ｜ 6
「課題」～1UPを目指そう～ 攻撃：相手のボールをしっかりと捉え，出塁し，得点を入れよう。 守備：相手の打球に合わせて移動したり，走者の走塁に合わせて仲間に送球したりして，点数を抑えよう。 ・ゲームを通して分かったことを基に，ゲーム内容を分析し，チームの課題を明確にする。 ・課題にあった練習内容を選び，練習を行う。 　　　　⇅ ・練習で身に付けた技術を用いてゲームを行い，さらなる課題発見から解決を行う。	・ゲームを通して分かったチームの課題について互いに意見を伝え合うようにさせる。 ☆チームの課題について，提示された練習内容以外からチームに最適な練習方法を考えさせる。 ☆学習した内容を活用して，アドバイスをするようにさせる。	7 ｜ 10

第2部 | 各教科の実践

実践例①

技術・家庭科【技術分野】

1　本校技術・家庭科(技術分野)が考える教科の本質と実現したい生徒の学ぶ姿

　技術分野では，技術の見方・考え方を働かせ，ものづくりなどの技術に関する実践的・体験的な活動を通して，技術によってよりよい生活や持続可能な社会を構築する資質・能力を育成することを目標としている。それをうけ，本校技術分野では，生活や社会の課題を複数の視点で捉え，技術を活用してよりよい解決策を見いだす力を育てていくことを教科の本質と考える。

　そこで，本校技術分野では，複数の視点で技術を評価し，知識・技能を活用して，試行錯誤しながら条件に沿った最適な解決策を追い求めていく姿を目指していく。

2　「学びの深まり」を生み出すための授業づくりにおける工夫点

(1) 自ら問いをもち，技術の見方・考え方が働かせられる課題設定

　生徒自ら授業の中で問いをもてるよう，生徒の身近にある事物・事象に焦点を当てた課題を提示することで，生徒が必要感をもって課題と向き合えるよう工夫している。また，課題解決を図る際，技術の見方・考え方が働かせられるよう，社会で実際に行われているものづくりと同じような場面を設定したり，どの視点を優先して課題解決に取り組んでいくべきかを考えさせたりしていく。

(2) 社会の中で生きて働く知識・技能の構築

　技術分野の授業では自分の感覚だけではなく，知識を活用しながら適切な技術を選択して課題解決ができるようにしたい。そのため見通しを考える際には，どのような知識・技能が必要になってくるか，どのような視点を大切にするかなどを考えながら計画を立てていくことで，その過程を重視させる。学習の振り返りでは，「意識した視点」や「有効だった知識・技能」など振り返る視点を設定し，自らのどのような考え方が課題解決につながったかを整理することでその過程を価値付けさせる。これにより「知識・技能」を現実の場面で発揮・活用できるものとして身に付けられるようにしていく。

3　実践の成果と今後への課題

　成果としては，複数の視点から技術を評価しようとする姿が多く見られたことである。この取組を3年間継続させることで，社会に出た際にも生きて働く力を育んでいくことができると考える。課題としては，どの学年においても課題解決への見通しが甘く，立てた計画と実際の作業が大きく異なる生徒が出てきてしまったことが挙げられる。現実性のある構想立てが理想とのバランスを考えて適切に行われるには，どのような支援をしていくのが効果的か検討していきたい。

第2部 | 各教科の実践

実践例①

技術・家庭科【家庭分野】

1　本校技術・家庭科（家庭分野）が考える教科の本質と実現したい生徒の学ぶ姿

　家庭分野では，生活の営みに係る見方・考え方を働かせ，衣食住などに関する実践的・体験的な活動を通して，よりよい生活の実現に向けて，生活を工夫し創造する資質・能力を育成することを目標とする。本校では，構築した知識・技能を活用して，生活を見直す視点を明確にし，それを基に改善を図ろうとする姿を育成することが，教科の本質であると考える。

　そこで，本校家庭分野で目指すべき学ぶ姿は，人の生活の営みに係る生活事象を様々な視点で捉え，これからのよりよい生活を工夫し創造できる姿である。

2　「学びの深まり」を生み出すための授業づくりにおける工夫点

（1）生活や社会につながる課題設定の工夫

　生活の中から自ら問いを見いだし，生徒が「自分でできるようになりたい。」と意欲をもって取り組めるような，必然性のある課題を設定する。幼児や高齢者など，今の自分とは異なる立場について学習する際には，今の自分にできることについて考えさせることはもちろんのこと，これからの生活を豊かにできるよう，未来の自分を想定しながら考えさせるような工夫をしている。また，地域社会や日本・世界の現状などに目を向け，持続可能な社会のために自分にできることを考えさせる機会も設定している。

（2）知識・技能の構築

　生活をよりよくしようと，生活の営みに係る見方・考え方を働かせて解決を目指す過程において，その基盤となるのが知識・技能である。この知識・技能を用いて試行錯誤することが，学びの深まりにつながるといえる。生活の自立に必要な衣食住や家族の生活などに関する知識・技能を構築させるためには，実践的・体験的な学習活動を多く取り入れていくことが大切であると考える。

（3）「見通す・振り返る」学習活動の充実

　生徒が何のためにこの学習をするのか，どんな力を身に付けるのかが分かる「見通し」と，本時の学びから得た視点を基に，実生活につなげて考える「振り返り」を行う。そうすることで，今後の生活の中で見通しをもつことにもつながっていく。授業では，思考の変容がわかるワークーシートを作成し，1時間ごとに学習で考えさせたい視点について振り返りを重ねていくことで，生徒は自分の考えの深まりに気付くことができる。

3　実践の成果と今後への課題

　成果としては，実践的・体験的な学習をすることで，生徒は自らの問いに意欲的に取り組むことができた。また，学習を積み重ねていく上で視点を明確に定めたことで，自分自身の考えの深まりに気付くことができた。少ない授業数の中で，前時の自分の考えをどう呼び起こさせ，見通しをもたせるかが課題である。これからも生活の営みに係る見方・考え方を働かせながら，よりよい生活の実現ができるような授業の工夫を行っていきたい。

●第2部／「動力伝達の技術を活用し，課題を解決しよう！〜1次：動力伝達の仕組み〜」・2年生

技術・家庭科【技術分野】実践例①

1 題材で育成したい技術分野の資質・能力
〔目指す生徒の学ぶ姿〕

生活や社会における事象をエネルギー変換の技術との関わりの視点で捉え，複数の視点を踏まえながら条件に沿った最適な解決策を考える力
〔複数の視点を踏まえながら，課題を解決するための製品を構想し，条件に合った最適な解決策を考え実践していく姿〕

2 題材について

本題材「動力伝達の技術を活用し，課題を解決しよう！〜1次：動力伝達の仕組み〜」は，「TECH未来」という生徒自身が自由な発想で動力伝達を学べる教材を使用し，歯車における既習の知識を活用しながら，ものを持ち上げるための製品の構造モデルの改良について考えていく。生徒たちはここまで，材料と加工に関する技術，生物育成に関する技術の内容において，自ら課題を見付け，様々な条件を踏まえた上でそれを解決するための最適な方法について考えてきた。本題材での学びが動力伝達に関する既習事項を整理する機会になると同時に，より実践的な課題解決ができる資質・能力の育成へとつなげられるようにしていきたい。

3 題材の学びを支える指導事項
（◎特に身に付けたい指導事項，・機能的習熟を目指す既習事項）

◎電気，運動の原理・法則と，エネルギー変換や伝達に関わる基礎的な技術の仕組み及び保守点検の必要性について理解すること。（C（1）ア）
・技術に込められた問題解決の工夫について考えること。（C（1）イ）

4 学びの実現のための指導の工夫
（1）実践場面の設定

技術の授業では，実際に製品を使用する人や製作する人など，複数の立場に立って事象を捉えることで，自然と様々な角度から解決策を考えられるようにしたい。そこで課題については，実際の製品開発を行っている技術者たちと似た経験ができるよう，現状の課題や製作条件を基に，班で協力しながら解決策を考えられるものを設定する。またその際，何を重視して製作を進めていくかの優先順位を決め試行錯誤して解決策を考えることで，課題解決におけるトレードオフについても考えられるようにする。

（2）「見通す・振り返る」学習活動

生徒たちが自ら獲得した知識・技能や働かせた見方・考え方が次の課題へつながるよう，題材全体を見通し，振り返ることができる振り返りシートを活用する。このシートを活用することで，新たな課題が出た際に，ここまでに身に付けたどのような力を活用することができそうか検討しやすくさせることができると考える。

（3）知識・技能の構築

身に付けた知識・技能が様々な場面で「使える」ものとなるよう，製品を例に挙げ生活や社会にどう生かされているか説明を行う。これが学習の中で得た知識・技能をどう活用していけばよいのかを考える契機になることを期待したい。また，ワークシートの記述や班での話し合いの際には，なぜそう考えるのかの根拠を説明させることで，知識・技能を適切に活用できているかを実感させたい。

5　授業の実際

歯車の回転数とトルクの関係を理解するため，歯車の組み合わせを変えた2種類の製品モデルがものを持ち上げる際にどのような違いが出るかを確認した。生徒の中では，「回転数を上げればどんなものも持ち上げられる」という意見が出たが，実際は回転数を上げると反比例してトルクが下がり，ものを持ち上げられなくなることを肌で感じ，歯車の回転数とトルクの関係についてより印象付けられた。またその性質をどう製品づくりに生かしていくかを考える上で，自転車を例として取り上げ，実際に製品の中でどのように用いられているか説明を行った。

モデルの改良について構想を考える場面では，始めに「製品開発で考えなければいけない視点」を全体で共有した。生徒は，これまでの学習を生かし，様々な視点を挙げることができていた。その後，そこで挙げられた視点の中から，どの視点を優先して改良を行うかを班で話し合い，改良の構想を立てた。ここでは，生徒自身が今までの振り返りを見直して歯車の組み合わせを検討したり，理科の授業で学んだ電気回路の知識を用いながら回路の設計について考えたりと，自然とこれまで獲得してきた知識や他教科の学びをつなげて考える姿が見られた。

実際の改良の場面では，どの班も互いに意見を出し合いながら試行錯誤していく様子が見られた。中には，使用する場面のことや経費削減を考え「軽量化」を目的に改良をした班が，実際ものを持ち上げてみたら，ものの重さに耐えられず，製品が台から落ちてしまい，実用性が下がってしまったということで再度構想を練り直すような場面もあった。

改良後は，「持ち上げられた荷物の重量やかかった時間」などを根拠に，完成した製品モデルの「セールスポイント」や「課題点」をまとめた。さらに振り返りシートを活用して，「製品に取り入れた構造（歯車の組み合わせ等）とその理由」（図1），「改良で大切にした視点」（図2）をまとめた。改良の振り返りでは，大切にしていこうと決めた視点を基に歯車の組み合わせを決定している記述や，目的をしっかり意識しながら改良を考えることが大切という記述も見られた。ここでの振り返りが次の発展的な課題へとつながることを期待したい。

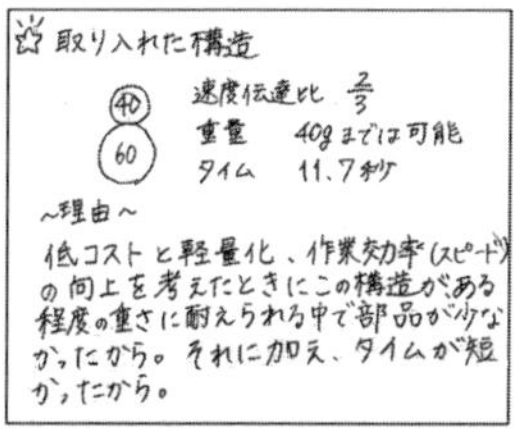

図1　取り入れた構造

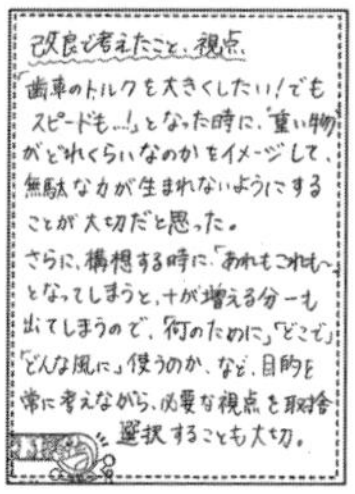

図2　改良で考えたこと

実践を通し見えてきた課題としては，改良に向けた見通しが甘く，計画と実際の作業が大きく異なる班が出てしまったことが挙げられる。解決策の構想を考える前に，具体的にどんなことに気を付ければ安全性を高められるかなど，課題解決へのより具体的な見通しを考えるための活動をどう設定していくべきか今後追究していきたい。

● 参考文献
1）尾崎誠（2017）『〔技術分野〕新学習指導要領丸ごと早わかり移行のポイント10』，教育図書
2）"TECH未来研究サイト". http://techmirai.jp/ （2018-08-15）

（佐々木　恵太）

[資料]　資質・能力育成のプロセス（22時間扱い）

次	時	評価規準 ※（　）内はAの状況を実現していると 判断する際のキーワードや具体的な姿の例	【　】内は評価方法 及び Cの生徒への手だて
1	1 ｜ 3	態　進んで社会で利用されているエネルギー変換の技術について理解しようとしている。（○） 思　課題を解決していくための方法について考えている。（○）	【行動の確認】【ワークシートの記述の確認】 C：普段の生活や実際に利用している場面を思い出させる。 【ワークシートの記述の確認】 C：実際に使用する場面を想像するよう声をかける。
	4 ｜ 7	知　力や運動を伝達する仕組みについて説明することができる。（○◎） （A：速度伝達比やトルクとの関係性も踏まえながら説明できる。） 態　条件を基に最適だと思われる改良方法を構想しようとしている。（○◎） （A：複数の視点から，目的に合った方法を構想しようとしている。）	【行動の確認】【ワークシートの記述の確認・分析】 C：ワークシートや他者の記述を確認して学習内容を振り返るよう促す。 【行動の確認】【ワークシートの記述の確認・分析】 C：他の題材での学習を振り返らせたり，身の回りの製品を例にとりながら考えさせたりする。
2	8 ｜ 14	思　生活や社会の中から解決すべき課題を設定し，解決策を構想している。（○◎） （A：決められた条件や複数の視点を踏まえながら解決すべき課題を設定し，解決策を構想している。） 態　条件を整理し，課題を解決するための最適な解決策を構想しようとしている。（○）	【行動の確認】【ワークシートの記述の確認・分析】 C：ワークシートを見直させたり，他者の意見を聞かせたりして考えさせる。 【行動の確認】 C：仲間との意見交換や集めてきた情報を再度見直すことで考えを整理させる。
	15 ｜ 19	知　安全・適切な製作や点検・調整ができる。（○） 思　製作案をもとにしながら，試行・試作し解決策を具体化している。（○◎） （A：複数の視点を踏まえながら試行・試作している。）	【行動の確認】 C：注意事項や作業方法について教科書などを使いながら繰り返し確認させる。 【行動の確認】【試作品やレポートの確認・分析】 C：仲間と意見交換をさせて，設計・計画を見直させる。
	20	態　課題解決の過程・結果を振り返り，改善策や修正案を考えようとしている。（○◎） （A：複数の視点を踏まえながら改善策や修正案を考えようとしている。）	【行動の確認】【ワークシートの記述の確認・分析】 C：振り返りシートや他者の記述を確認させる。
3	21 ｜ 22	思　生活や社会で利用されている技術を評価し，今後どのように活用していくべきかについて考えられている。（○◎） （A：複数の視点を踏まえながら技術を評価し，適切な活用の在り方を考えている。） 態　技術の課題を進んで見つけ，比較・検討し，適切な解決策を考えようとしている。（◎） （A：複数の視点を比較し，最適だと思われる解決方法を示そうとしている。）	【行動の確認】【ワークシートの記述の確認・分析】 C：今までの活動やワークシートを振り返らせ，考えを整理させる。 【行動・ワークシートの記述の分析】 C：今までのワークシートを確認させ，自分の経験や学んだことを基に考えさせる。

○は主に「指導に生かすための評価」，◎は主に「記録するための評価」

主たる学習活動	指導上の留意点 ☆：「深い学び」を生み出す工夫	時
・エネルギー資源にはどんなものがあるか考える。 ・身の回りの製品の仕組みや開発者の意図について調べ，どのようにエネルギー変換の技術が利用されているのか考える。	☆開発者がどのような視点を大切にしているか，どのように課題解決をしているかに気付かせる。	1 | 3
・歯車のモデルを基に，動力伝達の仕組みを知る。 ・電気回路について知る。 【課題】 ものを持ち上げるための製品の改良案を提案しよう ・学習した動力伝達の仕組みを活用しながら，ものを持ち上げるための製品の改良案について考える。	・モデルを自由に組み換えさせることで，歯車の特性に気付かせる。 ☆製品開発において何を重視していくかを技術の見方・考え方を働かせて考えさせる。 ☆振り返りシートに，授業で得た知識や課題解決で意識した視点について記入させる。	4 | 7
【課題】 動力伝達を活用した製品のモデルを提案しよう ・3種類の機構の基本モデルから，生活や社会の中で動力伝達の技術を活用して解決できそうな課題を見つける。 ・条件を踏まえながら解決策の構想（設計・計画）を立てる。 ・班の構想をまとめ，企画を発表し合う。 ・もらった意見を基に構想の修正を行う。	・条件を明確にさせることで，何ができて何ができないかを把握させる。 ☆現状の課題を挙げ，構想を立てる上での優先順位をつけることで，課題解決への見通しがもてるようにする。 ☆グループでの意見交換から，様々な価値観に触れられるようにする。 ☆振り返りシートに，製品の構想をする際に活用した知識や葛藤した場面について記入していく。	8 | 14
・構想を基に，製品のモデルを製作していく。事前に考えた構想から変更が必要な部分があれば修正する。 ・製作した製品のコンセプトや特徴をレポートにまとめる。	・設計を見直しながら進めることで，自分の考えを整理しながら製作を行えるようにする。 ・なぜこのような製品モデルを作ったのか，現状の課題などを踏まえながら説明できるようにする。 ☆振り返りシートに，解決策を具体化する際に活用した知識や葛藤した場面について記入していく。	15 | 19
・自らの課題解決とその過程を振り返り，改善策や修正案を考える。	☆振り返りシートも活用しながら，自分がどのような視点を働かせ，課題解決を行っていったかも振り返る。	20
・エネルギー変換の技術が利用されている最新技術について調べ，複数の視点から評価し，エネルギー変換の技術のこれからの在り方について考えていく。	☆複数の視点を踏まえて評価できるように，様々な立場の人の視点に立って考えるよう促す。 ☆グループでの意見交換から，様々な価値観に触れられるようにする。	21 | 22

●第2部／「みんなで子育てができる未来を目指して」・3年生

技術・家庭科【家庭分野】実践例①

1 題材で育成したい家庭分野の資質・能力
〔目指す生徒の学ぶ姿〕

自立し共に生きる生活を創造できるよう，よりよい生活を営むために工夫する力。〔「子育て」について自分の考えが説明でき，今の自分や将来の自分にできる取組を工夫する姿〕

2 題材について

この題材は『新学習指導要領』「A家族・家庭生活」の（2）にあたり，幼児の発達と生活の特徴や家族の役割，幼児の遊びの意義や幼児との関わり方などについて考える内容である。

現在，少子化，家族の小規模化が進行し，子供同士が集団で遊びに熱中し，時には葛藤しながら，互いに影響し合って活動する機会が減少するなど，様々な体験の機会が失われている。また，地域社会の大人が地域の子供の育ちに関心を払わず，積極的に関わろうとしない，または，関わりたくても関わり方を知らないという傾向が見られ，子育てで孤立したり，親による子供への虐待も起きたりする現状がある。

このような社会の現状の中で，自分たちにも社会の一員としてできることがあるということ，将来自分の子供を育てる可能性があることを自覚させ，今の自分にできることや将来の自分ができることを考えさせたい。必ずしも子供がいる人生を送るわけではない現代だからこそ，中学生の今この時に考える機会を設けたい。また，幼児という年代の違う人との関わりを考えることで，どのような年代の人であっても相手の立場に立って考えられる力を育成したい。そこで，幼児を理解する場面や，親の立場や地域社会の現状について知り，改善しようとする機会を設けた。

3 題材の学びを支える指導事項
（◎特に身に付けたい指導事項，・機能的習熟を目指す既習事項）

◎幼児の発達と生活の特徴が分かり，子供が育つ環境としての家族の役割について理解すること。（2）ア（ア）

◎幼児にとっての遊びの意義や幼児との関わり方について理解すること。（2）ア（イ）

◎幼児とのよりよい関わり方について考え，工夫すること。（2）イ

・自分の成長と家族や家庭生活との関わりについて理解すること。（1）ア

4 学びの実現のための指導の工夫

（1）教科の本質への迫り方

家族や社会で協力・協働して子供を育てていくこと，安全に配慮したおもちゃ製作や幼児との関わり方について理解することを通して，教科の本質に迫っていく。

（2）「見通す・振り返る」学習活動

自分自身の思考の深まりを自覚するために，思考の変容がわかるワークーシートを活用する。また毎授業後，「子育てに奮闘している未来の私にメッセージ」に書くための視点をワークシートに重ねていくことで，自分の考えを振り返りながらメッセージを記入できるようにする。

（3）実践場面の設定

自分が通ってきた道であること，将来子供を育てる可能性があること，中学生も社会の一員として子育てに関わっていく必要があることを理解させ，状況に応じてどのように対応したらよいのか，繰り返し考える練習が行えるような機会を設ける。例えば，触れ合い

体験に行く場面や,「未来の私へのメッセージ」を考える場面などが挙げられる。

5 授業の実際

授業のはじめに,自分の親にインタビューをしてきたことや,自分の乳児期・幼児期の写真を用いて,班ごとに年表を作成し,体の発達について学習した。その後,「子育てに奮闘している未来の私にメッセージを送ろう」について,自分の考えをワークシートに記入した(**図1**)。生徒からは,「いろいろな経験をさせてあげる」や「興味があることは自由にやらせてあげる」など,親へのインタビュー内容を基に記述する姿が見られた。

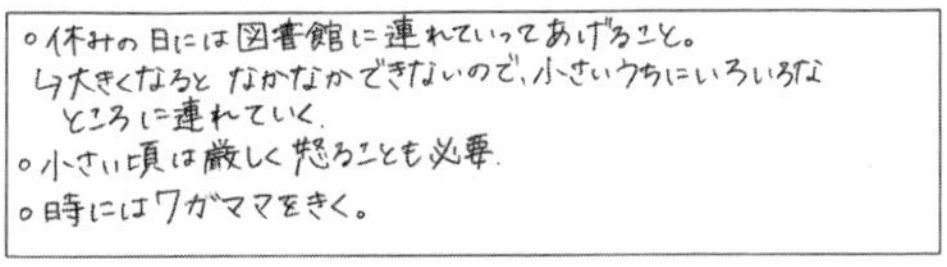
○休みの日には図書館に連れていってあげること。
↳大きくなると なかなかできないので,小さいうちにいろいろなところに連れていく.
○小さい頃は厳しく怒ることも必要.
○時にはワガママをきく。

図1 ワークシートの記述(1時)

触れ合い体験に行く前に,幼児の心身の発達を促す関わりについて考えたり,幼児が興味をもち,安全に遊ぶことができるおもちゃを班で製作したりした。また,触れ合い体験に来ている母親の出産や子育ての話を伺う機会があるため,自ら問いをもてるように,子育てで孤立してしまった親や悩みながらも奮闘する親の漫画をいくつか読み,質問を考えた。生徒からは,「育児をしていてうれしかったことや辛かったことは何か」や「夫にしてもらって助かったことは何か」など,様々な視点からの質問が出た。

触れ合い体験では,はじめに触れ合い体験に来ている母親の出産や子育ての話を伺い,生徒の質問にも答えていただいた。生徒の振り返りからは,「子供を授かって産み育てるということは,奇跡的なことだと思った」や「命を育むには,周りの誰かの力が本当に大切だと感じた」,「将来,家族を支えられるような人になりたい」などの意見が見られ,命の尊さや将来の自分について考えられたようであった。その後,生徒は班で製作したおもちゃを用いて幼児と関わり,中学生の自分にもできることを模索する姿が見られた。

触れ合い体験の振り返りをした後,男性の視点も含め,さらに多くの考えに触れられるよう,子育て中の本校の教員のアンケートを提示し,気付いたことを交流させた。子育てとは,「様々な人の手によって成り立つ究極の愛」や「難しいことや困ることもすべてが幸せにつながり,生きる意味を作るもの」,「親も子も互いに支え合い,共に成長していくもの」などの意見が,生徒たちから挙げられた。

最後に,改めて「子育てに奮闘している未来の私にメッセージを送ろう」について,自分の考えをワークシートに記入した(**図2**)。多くの生徒は,学習前には考えていなかった「支え合うことの大切さ」について具体的に記述していた。「家族・家庭生活」の見方・考え方である「協力・協働」の視点で,子育てを行う未来の自分を想像し,今の自分にできることを考えられており,生徒自身が学びの深まりを感じていた。

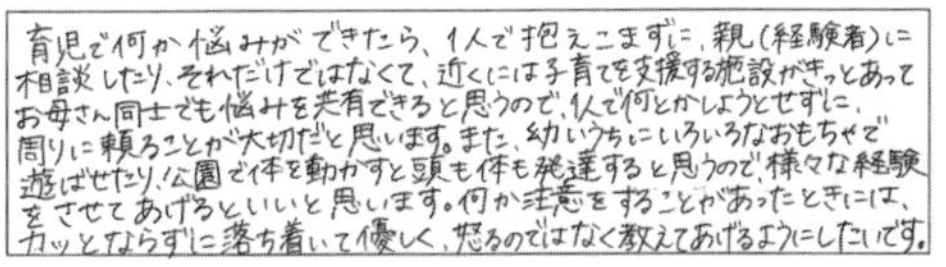
育児で何か悩みができたら,1人で抱えこまずに,親(経験者)に相談したり,それだけではなくて,近くには子育てを支援する施設がきっとあってお母さん同士でも悩みを共有できると思うので,1人で何とかしようとせずに,周りに頼ることが大切だと思います。また,幼いうちにいろいろなおもちゃで遊ばせたり,公園で体を動かすと頭も体も発達すると思うので,様々な経験をさせてあげるといいと思います。何か注意をすることがあったときには,カッとならずに落ち着いて優しく,怒るのではなく教えてあげるようにしたいです。

図2 ワークシートの記述(最終時)

●参考文献

1)文部科学省ホームページ http://www.mext.go.jp/b_menu/shingi/chukyo/chukyo0/toushin/05013102/002.htm

(池岡 有紀)

[資料]　資質・能力育成のプロセス（11時間扱い）

次	時	評価規準 ※（　）内はAの状況を実現していると判断する際のキーワードや具体的な姿の例	【　】内は評価方法 及び Cの生徒への手だて
1	1-2	知　幼児の生活と家族について理解し，基礎的・基本的な知識を身に付けている。（○） 態　幼児の生活と家族について関心をもって学習活動に取り組み，家族又は幼児の生活をよりよくするために実践しようとしている。（○）	【発言の確認】 C：班で作成した年表を照らし合わせながら，発達について理解できるよう促す。 【ワークシートの記述の確認】 C：親へのインタビューを参考に自分の考えを記入できるよう促す。
	3-5	思　幼児の生活と家族について課題を見付け，その解決を目指して自分なりに工夫し創造している。（○◎） （A：おもちゃを製作する際に工夫した点についての，具体的な記述。）	【ワークシートの記述と作品の分析】 C：自分がどのようなことを考えておもちゃを製作したのか，思い出して記入するよう促す。
	6-8	知　幼児の生活と家族に関する基礎的・基本的な技術を身に付けている。（○◎） （A：触れ合い体験で感じたことや考えたことについての，具体的な記述。）	【ワークシートの記述の分析】 C：触れ合い体験に行く前にどのようなことを学ぼうと思うか，目的を明確にさせる。また，触れ合い体験で感じたことを，行く前と比較してどう変わったか振り返るよう促す。
	9-11	態　幼児の生活と家族について関心をもって学習活動に取り組み，家族又は幼児の生活をよりよくするために実践しようとしている。（○◎） （A：「子育てに奮闘している未来の私へのメッセージ」における具体的な記述。） 思　幼児の生活と家族について課題を見付け，その解決を目指して自分なりに工夫し創造している。（○◎） （A：今の自分にできることについての，具体的な記述。）	【ワークシートの記述の分析】 C：授業を通して，新たに分かった視点について考えさせる。 【ワークシートの記述の分析】 C：自分の生活を振り返り，よりよい生活をするために自分にできることを考えさせる。

○は主に「指導に生かすための評価」，◎は主に「記録するための評価」

主たる学習活動	指導上の留意点 ☆：「深い学び」を生み出す工夫	時
・親へのインタビューで聞いたこと，自分の乳児期・幼児期の写真を用いて，班ごとに年表を作成する。 ・作成した年表を照らし合わせながら，幼児の心身の発達について学習する。	・前時に自分の乳児期・幼児期のことについて，自分の親にインタビューをしてくるよう，宿題を出す。（後に自分史をまとめる。）	1 ― 2
【課題】子育てに奮闘している未来の私にメッセージを送ろう。		
・「子育てに奮闘している未来の私にメッセージを送ろう。」について，自分の考えをワークシートに記入する。 ・「こんな時，どうする？」について考え，幼児の心身の発達について学習する。	☆今の時点で，自分が考えられることについて，思考の変容が分かるワークシートに記入させる。その際，インタビューの内容を参考にさせる。 ・どのような対応をしたら，幼児の心身の発達につながるのかを考えさせる。	
・遊びの意義，乳幼児の特徴について学習する。 ・学習したことを踏まえて，触れ合い体験に持っていく幼児のおもちゃを班ごとに製作する。 ・製作したおもちゃをクラスで見合う活動をする。	・遊びによって様々な発達が促されることについて学習させる。 ☆おもちゃを製作する際，どうしたら幼児に興味をもたせることができるか，安全に配慮できるか，について考えさせる。	3 ― 5
・触れ合い体験に行く際に気を付けることや，自分が学習してきたいと思うことを確認する。 ・触れ合い体験に来ている保護者の方への，出産や子育ての質問を考える。 ・触れ合い体験に来ている保護者の出産や子育ての話を伺う。その後，製作したおもちゃを用いて，幼児との触れ合い体験をする。	・幼児との関わり方について確認させる。 ・触れ合い体験中で，どのようなことを体験したいのか，目的を明確化させる。 ☆子育てで孤立してしまった親や悩みながらも奮闘する親の漫画をいくつか読み，自分の親へのインタビューで聞いたことを思い出しながら，質問を考えさせる。 ・考えた質問に対してお答えいただいたことを，次の学習に生かせるようメモをさせる。 ☆自分たちが製作したおもちゃで，幼児がどのような反応を示すか，また発達について学習したことと実際の幼児に違いはあるのかなどについて，考えさせる。	6 ― 8
・触れ合い体験の振り返りを自分自身で行い，その後クラスで共有する。 ・子育て中の先生のアンケートを読み，「子育て」とはどういうことなのか考える。 ・班で考えた意見をクラスで共有する。 ・改めて，「子育てに奮闘している未来の私にメッセージを送ろう。」について考え，未来の自分へ手紙を書く。 ・共有したことを踏まえて，「今の自分にできること」について考える。	☆実際に体験して感じたこと，保護者の方のお話を聞いて考えたことなどを振り返らせる。 ☆子育て中の本校の教員に，子育てをしていてうれしかったこと，大変だったこと，困っていることなどを伺い，そこから親の思いを考えさせる。また，アンケートの質問では地域との関わりや保育園などについても伺っておくことで，地域社会の現状も踏まえて考えられるように工夫する。 ☆はじめと同じ質問を投げかけ，学習を通して新たに増えた視点について，思考の変容が分かるワークシートに記入するよう促す。 ・タイムカプセル郵便を使って，10年後の自分に届くようにする。 ☆今までの学習を踏まえて，具体的に考えるよう促す。	9 ― 11

第2部 | 各教科の実践

英語科

実践例①～③

1 本校英語科が考える教科の本質と実現したい生徒の学ぶ姿

『新解説』を踏まえて，英語科の本質とは，英語による言語活動を通して，その場や相手に応じて効果的にコミュニケーションをとる方法を学ぶことだと本校英語科は考える。そのために，教師は授業内で他者と交流するための場面を様々に設定し，また生徒はリフレクション（省察）をしながら英語だけでなく日本語においてもよりよい表現方法を模索したり，他者が表現したもののよさや改善点をより伝わりやすい言葉で伝えたり，伝達される内容を推測したりすることが重要となる。これを繰り返すことで，既習事項を十分に活用しながら，相手に伝わる表現を自ら追究し続ける姿を実現する。また，実際にタスクを遂行し振り返ることで達成感や自己有能感を得られる活動を目指す。なお，英語表現等については，挑戦的な評価課題に対し，基本的な力を身に付けた上で臨めるように，単元の中で機能的習熟（『附属横浜中』（2016））を意識的に図っていく。

2 「学びの深まり」を生み出すための授業づくりにおける工夫点

本校英語科では，カリキュラム・デザインをするためのポイントとして，

①CAN-DOリストによる見通し　　②挑戦的な評価課題の実施
③即興性を伴う言語活動　　　　　④対話を重視した言語活動

を大事にしてきた。これらを実現するとともに，より学びの深まりを生み出すために意識する視点として，以下の3点を挙げる。

（1）生徒がわくわくする課題の設定

課題を設定する際には，生徒が「取り組んでみたい」「どうなるのだろう」と思うような内容となるよう意識する。生徒の学ぶ姿を実現するために，生徒の興味や学習意欲を高めつつ，何を身に付けさせることができるか明確なイメージをもつことが必要である。そのためには教師が生徒の目線で課題を捉え，「自問」が生み出されそうか吟味しなければならない。その際，生徒から授業のフィードバックを得ることも課題を構想する上での大きな根拠となる。本校では生徒による授業評価を行っており，それを基に次の課題の設定・授業改善の参考にしている。

（2）多面的な振り返りの場面作り

本校英語科では振り返りを行う際に，次の2つの視点を意識して取り組んでいる。

一つは，生徒が達成したことや残した課題を自覚する振り返りである。生徒自身が考えたことや感じたこと，できるようになったことやできなかったことを実感し，次の活動への動機付けとなるように，ワークシートや授業での問い方を工夫する。その中では，必要に応じて他者からのフィードバックを得る機会をつくる。

もう一つは，話したことを書く，聞いたことを話す，書いたものについて話す等を通して，生徒が自然と過去の学習を振り返るような機会をつくり，学習内容や考えを深めていくことであ

る。また，単元の中で行う活動自体に今までの振り返りとしての側面をもたせることで，既習事項と本単元の学習内容を結び付けるような活動にする。

（3）教師のファシリテートの工夫

　生徒と教師の会話において，教師が既習事項を積極的に使うことで，言語事項の適切な用い方や日常場面での実用性を示すように心がけている。その際，生徒の誤った表現を修正したり，よりよい表現を示したりするために，リキャストやパラフレーズを取り入れると効果的である。また，生徒が伝えたい内容を表現するために必要な方法をすぐに提示するのではなく，「語順を変えてみたら」「どのようなジェスチャーを使うとよいか」「今までに習った何が使えそうか」等を提案して「自答」の機会をもたせることで，生徒に自分の力で解決を図れたという達成感を味わわせるようにする。

3　実践の成果と今後への課題

　昨年度英語科の課題としては，①3年間を見通した挑戦的な評価課題の設定，②社会や日常とのつながりに自然に生徒が気付ける課題設定，③協働学習における支援，④学びを深めるための効果的な活動，を挙げた。英語科の授業理念としては，使いながら身に付くということを大事にしており，そこに今年度の研究副主題である「深い学び」へと導く授業のあり方の考え方を加えて，実践を行った。

　英語科全体の成果としては，それぞれの学年の学習段階に応じて課題達成に向かうためのステップを明確に設定し，2で述べた工夫点を実践することを通して，単元構想の見通しをもつことができたことである。その理由としては，英語科や他教科の教師と相談をしたりアドバイスを受けたりすることで気付けることが多くあったからだと感じる。今後も教師同士がまさに「言語活動」を行うことにより，生徒のためによい活動につながるよう試行錯誤していきたい。

　また，毎時間取り組む帯活動等では，生徒が学んだ表現を使いながら即興で会話をしたり書いたりする活動を取り入れている。継続的な取組によって，できるだけ自然な流れで会話を続けようとしたり，新しい表現を使ってみようとしたりする姿勢が見られている。

　今後の課題は，見通しだけでなく学びの深まりを生徒と教師の双方が振り返れるようにCAN-DOリストをより活用すること，英語授業を通して他の教科や社会とのつながりを生徒がより感じられるようにすることではないか。今年度の研究では，宿泊行事である農村体験・修学旅行との関わりで実践を行ったが，普段の授業から英語を通して社会を意識するような活動を増やすことで，生徒が自ら学ぼうとする姿勢を引き出すことができると考える。しかし，教師の求めるところと生徒の求めるところ，教師の見取りと生徒の自覚にズレがあると，生徒をエンゲージメント状態へと促すことが難しくなるので，生徒の振り返りとともに，授業評価や来年度英語が取り入れられる「全国学力・学習状況調査」の結果も参考にして，よりよい授業構想へと生かしていきたいと考えている。

● 第2部/「ドラマ形式を用いた活動」・1年生

英語科実践例①

1 単元で育成したい英語科の資質・能力〔目指す生徒の学ぶ姿〕

コミュニケーションを行う目的や場面,状況に応じて,互いの考えや気持ちを表現したり理解したりした上で応答する力
〔物語の場面や状況を理解し,登場人物の考えや気持ちを言語表現と言語外表現を用いて伝え合うことで,既習事項を活用しながら自信をもって応答しようとする姿〕

2 単元について

ドラマ活動を通して場面や状況に応じた行動を考えて演じることは,生徒がエンゲージメント状態に在りながら音声や体で表現する力を身に付けるために非常に効果があると感じている。今年度は,昨年度の反省を生かし,より生徒の学びが深まる活動を目指した。まず,動画の内容を生徒の学習段階に近いものに設定した。それにより練習や活用に時間をかけ,より丁寧に授業者が関われる。また,効果的なワークシートの活用や,適切なファシリテートにより,生徒に学びの深まりが実感されることを目指した。

これまでの授業では教科書の物語で場面や状況・内容の一部を変えて,それに応じた表現をする活動を取り入れてきた。その中で生徒が進んで工夫をし,既習事項と結び付けた文を考えたり,新たな英語表現を調べて取り入れたりする姿が増えた。振り返りでは,「今まで習った単語や文をつなげて新しく文を作ることが面白かった」「皆に伝わりやすいように簡単な英語や動きを工夫したい」といった意見が見られる。

本単元では第1段階として教科書本文を用いてドラマ活動を行い,第2段階では動画に合わせて音読・言語外表現の練習・真似して演じる・話の続きを考える・自分で考えた表現で演じる,という流れで活動した。

3 単元の学びを支える指導事項（◎特に身に付けたい指導事項,・機能的習熟を目指す既習事項）

◎場面や状況にふさわしい言語表現や言語外表現を用いて話す。
・意味のある文脈の中での基本的なイントネーションや強勢を理解する。
・読み手や聞き手が理解しやすいように書いたり話したりする。

4 学びの実現のための指導の工夫

（1）教科の本質への迫り方

言語活動を通して既習表現を実際に体で体験し,言葉・体・心が一致する表現方法を学ぶべきである。今回の単元では段階を踏みながらその経験を積ませることで,教科の本質に迫る。

（2）「見通す・振り返る」学習活動

本単元で身に付けたい力を共有し,ワークシートや過去の生徒のよいモデルを確認して,目標としたり目標を超えていこうとしたりするよう促す。最後は活動を撮影した動画や級友からのコメントを基に,客観的に自己を振り返り,成長と課題を確認させる。

（3）実践場面の設定

ドラマの一場面を用いることで,英語話者の話し方や表現に注目させる。なぜそのような話し方や表情・表現をするのかを考えながら映像を観たり,自分で真似しながら考えたりすることで,言語表現と言語外表現を一致させる。

（4）知識・技能の構築

本単元までに身に付けた音声の知識を,実

際の音声とつなげて自己の表現として取り入れる姿を目指す。また，話の続きを作らせることで，物語の状況や今まで学んだことを結び付けて，適切に表現する技能の構築へとつなげる。

5　授業の実際

1時間目で動画を観る際に，語尾の上げ下げと感情表現で気付いたことをスクリプトに記入させ（**図1**）その後の練習の参考とした。

図1　生徒による言語外表現の記述

真似して読む段階では，生徒は熱心に音声を聞き，真似をしていたり，プリントに発音のコツや人物の動きや表情を書き込んだりしていた。録音をして聞く際には，「さっきより上手くできてない？」と級友に聞かせて「上手」「似ている」などのコメントをもらい，嬉しそうにまた次のセリフに取り組む姿があちこちで見られた。耳なじみのない発音は，生徒によって捉え方が違っており，何回も聞き確認しながらグループの中で議論になっていた。聞いた通りに真似をするように声をかけたが，聞こえ方が違うということは想定外だったので，一斉で改めて確認した。

役割練習でグループ練習を始めると，動きや顔の表情を付けて話すことを面白がったり，「こういう表現方法を付けたほうがいい」とアドバイスをし合ったりしていた。また，話の続きを考える段階では，状況を変えてもよいことを提示したところ，設定の工夫をグループでよく話し合い，それに合わせて言い方や動きを変えるグループもあった。グループの中で基本の読み合わせ後，自然に立ち上がって動きながら演じ，それを繰り返すうちに台本を持つ時間が少なくなっていった。そして演じながらまた修正・練習を繰り返し，よりよいものを目指していった。

発表当日には，グループ4人で記入できるコメントカードを用意した。記入することよりも，演者の発音や動き・物語性に注目することを重要視し，発表後に短時間で要点だけを記入できるよう，全方向から書けるように工夫した（**図2**）。

図2　発表後のコメントカード

昨年度も同様の活動を行ったが，体を動かして真似ることにより，声と顔での表現が劇的に向上することが分かった。ただ，この活動で身に付けさせたいものが多くあり，授業者として焦点が絞れなかったことが反省点である。生徒の中に「もっと練習すればもっとよくなったので次に頑張りたい」という振り返りもあり，時間をかければよくなることは確実だが，生徒の「もっとこうしたい」という思いが次の意欲へとつながるかと思うと，教師の励ましの声かけや，次の活動の設定等を考える力が必要だと改めて感じた。

今後は即興的な部分を取り入れ，話者の心の動きを表現し，多様な表現方法を身に付け，その場に応じて対応する力を育てたい。

（武田　美樹）

[資料]　資質・能力育成のプロセス（8時間扱い）

次	時	評価規準 ※（　）内はAの状況を実現していると 判断する際のキーワードや具体的な姿の例	【　】内は評価方法 及び Cの生徒への手だて
1	1 〜 2	思　登場人物たちが何について話しているかを理解している。（○） 知　基本的な強勢やイントネーション，区切り等の違いを理解している。（○）	【発言の確認】 C：どこで，何が起きているのか，概要をつかませる。 【記述の確認】 C：少しの様子だけでもよいので書いたり真似したりするように促す。
	3 〜 4	態　登場人物の気持ちや考えを捉えながら練習をしている。（○）	【発言の確認】【行動の確認】 C：発音や体の動き等すべてを成功させることにこだわらず，まずは英語音声にならない声でリズムだけを真似させる。
2	5 〜 6	態　聞き手が理解しやすいような表現をしようとしている。（○◎） （A：既習事項を十分に活用し，伝わりやすい表現を追究し，グループに提案している。）	【行動の確認・分析】 C：どのような言語外表現ができるかを確認し，まずは短いセリフの部分で実践するように促す。
	7 〜 8	知　学級全体に話すのにふさわしい声の大きさや速さで話している。（○◎） （A：効果的な話し方を理解し表現している。） 思　場面や状況にふさわしい言語表現や言語外表現を用いて話している。（○◎） （A：手の動きだけではなく，顔の表情も加えて表現している。）	【発言の確認】【行動の分析】 C：練習の際に机間指導で確認し，グループリハーサルをしながら自信をもって発話できるように繰り返し練習させる。 【発言の確認】【ワークシートの記述の分析】 C：自分で作文が難しい場合は，重要だと思う文を選び，抜き出して書くように促す。

○は主に「指導に生かすための評価」，◎は主に「記録するための評価」

主たる学習活動	指導上の留意点 ☆：「深い学び」を生み出す工夫	時
・海外ドラマのワンシーンを観て，分からない部分があっても推測しながら内容を読み取る。 ・学級全体で簡単に内容を確認する。 ・音声のみを聞いてリエゾンの部分や語尾の上げ下げを確認する。次に，登場人物の表情や動きを確認しながら観て言語外表現を確認する。 ・映像を観ながら，セリフを真似して言う練習をする。 ・自分の音声を録音して，発音等を確認し，できるだけ手本の音声に近づけるように練習する。	・今回の活動で身に付けたい力について伝える。 ☆動画を見せる前に使われる表現や最初の静止画から読み取れることを共有する。 ・演者の表情や動きをよく観て，どのような感情や考え，気持ちで発言しているのかに注目させる。 ・既習事項の文や抑揚・強勢の位置を意識するように投げかける。 ・練習の前に，未習表現を確認する。 ・繰り返し聞くことで，音声や速度・表現に慣れさせる。 ・TPCのレコーダーを活用する。	1 ― 2
・4人グループで役割を決め，自分の役割のセリフを集中して練習する。 ・グループ全員で映像に合わせて言う練習をする。 ・実際に体を動かして演技練習をする。	・前時と同様に録音して確認しながら個人で練習する。 ☆グループで録音して聞いて，お互いのよいところや気を付けるところなどを確認し，改善しながら練習をさせる。 ・自分とは別人として演技するよう促す。	3 ― 4
【課題】 この後，どうなるのでしょうか。グループで続きを考えて演じてください。状況，場面は話に合わせて変えてください。また，登場人物の心の動きに注目して，言葉と体で表現しましょう。		5 ― 6
・グループで物語の続きを考えて加え，練習する。	・見ている人に伝わるように表現するよう促す。 ・昨年の発表を見せて，見通しをもたせる。	
・前時の練習を振り返り，確認・練習する。 ・グループごとに演技発表を行う。見ている生徒は演者の工夫やよいところ，もっと工夫できるところ等をワークシートに書き，演者に渡す。演者はそれを見て，振り返りを書く。 ・演技を通して，登場人物の気持ちや英語表現について考えたこと，伝える際に英語表現で工夫したこと，を中心に振り返る。 ・自グループの話を自分の言葉で短くまとめて書く。	・内容が身体の動きと一致するまで練習を促す。 ・他のグループの演技を見ながら考えたことや感じたことをワークシートに記入しておく。 ☆今までに大事にしてきたポイントに自然と気付けるようなワークシートにする。 ☆振り返りは発表動画を各自で見ながら個人とグループ・一斉で行い，普段の言語活動でも生かせる工夫を共有する。 ☆使った言語表現を用いて英語でまとめさせる。	7 ― 8

英語科 実践例 115

● 第2部／「議論型の言語活動」・2年生

英語科実践例②

1 単元で育成したい英語科の資質・能力
〔目指す生徒の学ぶ姿〕

コミュニケーションを行う場面や状況等に応じて，他者とのやり取りの中で，自分の意見を表現する力
〔互いの意見に対して賛成あるいは反対する等，他者との議論の中で自分の意見を表現するとともに，自分の考えをまとまりのある文章で表現する姿〕

2 単元について

昨年度は，ドラマ形式の活動を通して，場面や状況，登場人物の心の動きによる表現の変化を学び，今年度も，声の大きさ，身振り手振りを含めた話し方，言葉の選び方等，聞き手を意識することを重視しながら，スピーチやスキット等の活動を行ってきた。

こうした活動の積み重ねによって，「話すこと」を嫌がる生徒は少なく，事前準備をする形式のスピーキング活動には積極的に取り組める。しかし，会話の活動においては，ターゲットセンテンスは英語で言えるものの，そこからさらに会話を続けることに難しさを感じ，日本語が出てきてしまう生徒が多い。

こうした状況を踏まえ，本単元では，自分の意見を述べること，相づちを打つこと，他者の意見に反論すること等を段階的に指導し，他者とのやり取りの中で，自分の意見を表現する力を身に付けさせたい。

また，6月の授業評価アンケートの結果から，「書くこと」に苦手意識を抱いている生徒が多いことが分かったため，単元の最後には，会話活動を通して身に付けたことを踏まえて，まとまりのある文章を書く活動を行い，文章の構成や文法に関する指導を行う。

3 単元の学びを支える指導事項
（◎特に身に付けたい指導事項，・機能的習熟を目指す既習事項）

◎相手からの質問に対し，その場で適切に応答したり，関連する質問をしたりして，互いに会話を継続する。
・その場で考えを整理して口頭で説明する。

4 学びの実現のための指導の工夫
（1）教科の本質への迫り方

他者とのコミュニケーションや何らかの情報伝達を通してこそ，英語の必要性や有用性が実感できると考える。そこで，本単元では，他者と意見を交わすことを通して，自分の意見を英語で表現することの楽しさに気付かせたい。より自然な会話の形に近づけるため，ペア活動だけでなく，事前に原稿を作成せずにグループで会話をさせることで，目指す生徒の学ぶ姿の実現を図る。

（2）「見通す・振り返る」学習活動

授業の導入では，活動のモデルとなる会話を教師・生徒間で実際にしてみせることで，活動の流れを見通させる。また，少しずつ新たな表現を紹介しながら，会話と改善を繰り返し，単元の終わりに一連の活動を振り返らせることで，自身の変容に気付かせる。

（3）知識・技能の構築

本単元では，既習事項である"think"や"because"を，意見の異なる相手との議論という場面で活用することで，その機能に対する理解を深め，より実践的なレベルでの定着が期待できる。また，その他の文法事項については，リキャストによる明示的でない形での指導を行うとともに，共通して見られる誤りに絞って，次時の導入で確認する。

5 授業の実際

 英語が苦手な生徒もいる中で即興的な会話を成立させるため、一度にたくさんのことを教えるのではなく、会話の度にできることを少しずつ増やしていくイメージで授業を行った。具体的には、議論するのに必要な賛成・反対の表現に加えて、考える時間が必要なときや相づちを打つとき、聞き逃してしまったとき、相手の言っていることが理解できなかったとき等に、日本語に頼らず会話を継続できるよう、図1のような様々な英語表現を練習した。

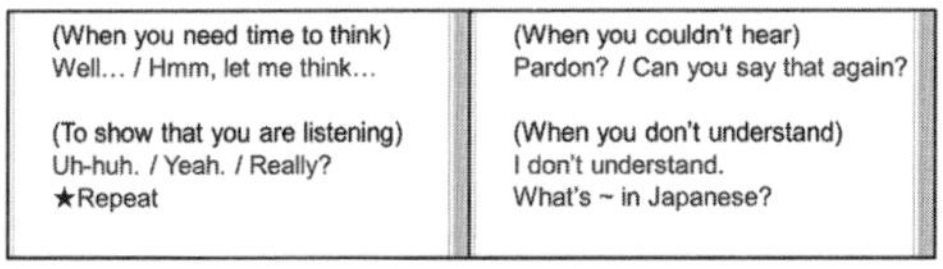

```
(When you need time to think)       (When you couldn't hear)
Well... / Hmm, let me think...      Pardon? / Can you say that again?

(To show that you are listening)    (When you don't understand)
Uh-huh. / Yeah. / Really?           I don't understand.
★Repeat                             What's ~ in Japanese?
```

図1　授業で使用したスライド

 初挑戦となるグループでの会話でも生徒たちが自信をもって発言できるよう、ペアでの会話からスタートし、4人、8人と人数を増やしていった。その結果、多くの生徒たちがペアでの会話では気付かなかった、グループでの会話ならではの注意点について考え、互いに協力し合いながら会話を進めることができた。この点について生徒からは、体の向きや目線に気を付けること、皆が分かる言い方をすること、全員が発言の機会を得られるように話を振ること、グループ内で小グループを作らないこと、相手の発言に反応すること、互いを認め合うこと等の意見が挙がった。

 また、即興的なやり取りを生み出すために、単元を通して、頻繁にペアやグループを組み替え、第7時に行った発表の際もその場でグループのメンバーを発表した。同じトピックに関する会話を繰り返すことで、自分の意見をより上手に伝えられるようになっていく一方で、会話ごとに席を移動するため、原稿は作れず、相づちを打ったり、反論したりする場面で即興性が必要とされた。即興的な会話に挑戦したことで、「実用的」や「使える英語」という実感を持った生徒や、図2の記述のように、即興だからこそコミュニケーションの楽しさを味わえたという意見も多かった。

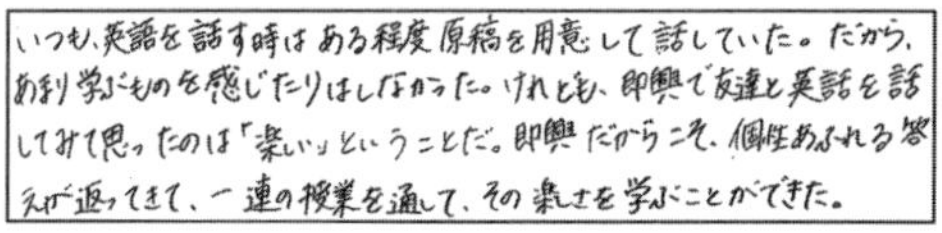

> いつも、英語を話す時はある程度原稿を用意して話していた。だから、あまり学ぶものを感じたりはしなかったけれど、即興で友達と英会話を話してみて思ったのは「楽しい」ということだ。即興だからこそ、個性あふれる答えが返ってきて、一連の授業を通して、その楽しさを学ぶことができた。

図2　生徒の振り返りの記述

 生徒の記述の中には、「日常生活で言葉のキャッチボールがうまくできないように感じることがあったけど、相づちや質問によってキャッチボールは成り立つということを、普段話さない言語で話すことで気が付いた。」というものもあり、英語の学習を通して、コミュニケーション全般への汎用的な気付きを見いだした生徒がいたことは、教師の想定以上の結果だった。

 今回の実践では、限られた言語材料で難易度の高い活動を成立させるため、トピックの設定や英語表現の導入を教師主導で行った。今後は生徒の日常とより関わりのあるトピック設定に努め、生徒の「話したい」という意欲を引き出したい。そして、その表現したい気持ちに応える形で教師がサポートするような組み立てで授業を展開していくことを、これからの課題として取り組んでいきたい。

●参考文献

1) 加藤心（2015）『英語アクティブラーニング教室に魔法をかける！英語ディベートの指導法』, 学芸みらい社.
2) Lubetsky, M., LeBeau, C., & Harrington, D (2000)『DISCOVER DEBATE Basic Skills for Supporting and Refuting Opinions』, Language Solutions.

（小野澤　士龍）

[資料] 資質・能力育成のプロセス（8時間扱い）

次	時	評価規準 ※（ ）内はAの状況を実現していると判断する際のキーワードや具体的な姿の例	【 】内は評価方法 及び Cの生徒への手だて
1	1－2	態　他者の意見に関心をもち，相づちを打つ等しながら，相手の発言を聞いている。（○）	【行動の確認】 C：相づち等の表現を紹介し，直後の活動で繰り返し使わせる。
	3	思　自分の意見を整理し，互いの意見に対して適切に反論し合っている。（○）	【発言の確認】 C：生徒同士の助け合いを促すとともに，基本となる発言の型を繰り返し確認する。
	4－5	知　相手の意見に対して適切に応答している。（○）	【発言の確認】 C：教員がリキャストすることで，適切な形を示す。
	6－7	思　場面や状況に応じて多様な表現を用いて話している。（◎） （A：文脈に即した多様な表現を用いて，意見を述べたり，反論したりしている。） 態　既習の語句や文法事項を用いて，自分の意見を相手に伝えようとしている。（○◎） （A：自分の意見を相手に伝わるように表現している。より上手く表現できるよう他者からも学ぼうとしている。）	【発言の分析】 C：同様の活動を相手を変えながら繰り返し行い，会話と会話の間で，次の活動に向けた改善策を話し合わせる。 【発言の確認】【振り返りシートの記述の分析】 C：既習の語句や文法事項を用いて，簡単に表現するよう促す。
2	8	知　本単元で習得した知識を用いて，まとまりのある文章を書いている。（◎） （A：読み手を意識した分かりやすい構成で文章が書けている。）	【ワークシートの記述の分析】 C：基本的な型に沿って，順を追って文章を書くよう指導する。

○は主に「指導に生かすための評価」，◎は主に「記録するための評価」

主たる学習活動	指導上の留意点 ☆：「深い学び」を生み出す工夫	時
【課題】 "Should we live in the countryside in the future?" というトピックについて，互いに意見を述べ合いましょう。 ・"I (don't) think" と "because" の使い方を復習する。 ・"What do you think?" と "Why?" という疑問文を用いてペアで会話をする。 ・相づちを打つ，聞き返す，賛成する，反対する等の表現を少しずつ練習する。 ・新しい表現を使うことを意識しながら，ペアを変えて同様の会話を繰り返す。 ・田舎派と都会派のどちらが多いか，グループで予想させる。 ・"I don't agree with you because ~." や "That's true, but ~." の使い方を理解し，練習をする。 ・まとめとして，TPC を用いて，オンラインのアンケートサービス上に個人としての意見を記入する。	・トピックに関する簡単なやり取りを生徒と英語で行ってから，トピックを提示する。 ・一度にたくさんの表現を提示せず，紹介→活動→紹介→活動を繰り返す。 ☆新しい表現を紹介した直後に，ペアを変えて，再び会話の活動をすることで，自身の変化に気付かせる。 ☆授業のまとめとして，TPC を用いて，生徒の意見をその場で集約し，互いの多様な意見に触れさせるとともに，新たな語彙や言い回しを発見させる。	1 — 2
【課題】 "Are animals in the zoo happy?" というトピックに関する肯定意見と否定意見に対して，反論してみましょう。 ・教員から配られた肯定意見・否定意見に対する反論をグループで考える。 ・グループでの話し合いを踏まえて，ペアで会話をする。	・前回のまとめで集約した意見の中から，共通して見られた文法・語法上の誤りについて確認してから，活動に入る。	3
【課題】 "What should we take to a desert island?" というトピックについて，グループで意見をまとめましょう。 ・トピックについて，各グループで話し合い，答えをできるだけたくさん考える。 ・ペアで会話をする。 ・ペアでなく，グループで会話をするときに大切なことは何かを話し合い，確認する。 ・3～4 人のグループで会話をする。 ・ワークシートを記入する。	☆授業外での自発的な学習へとつながるよう，授業の振り返りとして，ワークシートに「言いたかったけれど英語で上手く表現できなかったこと」，「今後参考にしたい他の生徒の発言」等を記録させる。 ・「言いたかったけれど英語で上手く表現できなかったこと」については，どのように表現すればよいかを検討させ，適切な言い方を導き出させる。	4 — 5
・前回記入したワークシートを読み返す。 ・前回と同じトピックについてペア→4 人→8 人と，グループを大きくしながら会話の活動を行い，意見をまとめ，発表する。 ・グループごとに前に出てきて，クラス全体の前で会話をする。 ・ここまでの活動を振り返り，振り返りシートを記入する。	・英語が苦手な生徒でも自信をもって発言ができるよう，徐々にグループを大きくしながら，繰り返し同じ表現を使わせる。 ・グループ分けはその場で発表し，会話に即興性をもたせる。 ☆授業の振り返りとして，会話の活動を通して学んだことや今後へ向けた改善点等を言葉にさせることで可視化させる。	6 — 7
・序論，本論，結論という，英文の基本的な型を理解する。 ・本単元で扱ったトピックのいずれかに対する意見を，上記の型に沿って，まとまりのある文章で表現する。	・意見を考える負担を減らし，ライティングの活動に集中できるよう，スピーキングの活動ですでに扱ったトピックを題材とする。	8

●第2部／「グループ内でのスピーチ」・3年生

英語科実践例③

1 単元で育成したい英語科の資質・能力
〔目指す生徒の学ぶ姿〕

自分の考えを整理し，話す内容の構成を考え，相手に応じた表現を選択する力
〔説得力のあるスピーチを書き，聞き手のことを意識して発表する姿〕

2 単元について

7月に全体でのスピーチを行った際，お互いのスピーチを聞いた感想プリントには，「前を向いて発表してほしかった」，「途中で日本語をまぜると良くない」など，こちらが指摘したい事柄はほぼ全て書かれていた。また課題だけでなく「ユーモアを交えてきたのが good」，「but などを使った話の転換がうまかった」などの肯定的な意見もあった。

そこで本単元「グループ内でのスピーチ」では，小グループで即興での発表を3回行い，周りからのフィードバックと自分の反省を基に発表を改善していき，最終的に振り返らせた。またトピックを毎回指定することで，自分の考えを発表しつつも，聞いている側が内容をより推測しやすいようにした。

『新学習指導要領』の3の（3）のアには，教材について留意することとして「実際の言語の使用場面や言語の働きに十分配慮した題材を取り上げること」とある。そこで，トピックには，生徒が自分なりの考えや気持ちを発表できるようなものを設定した。

3 単元の学びを支える指導事項
（◎特に身に付けたい指導事項，・機能的習熟を目指す既習事項）

◎日常的な話題について，事実や自分の考え，気持ちなどを整理し，簡単な語句や文を用いてまとまりのある内容を話す。

・関心のある事柄について，簡単な語句や文を用いて即興で話す。

4 学びの実現のための指導の工夫

（1）教科の本質への迫り方

英語科は外国語による「聞くこと」「読むこと」「話すこと」「書くこと」の言語活動を通し，簡単な情報や考えなどを理解したり表現したりして，コミュニケーションを図る資質・能力を育成することを目指している。しかし，外国語のみならず日本語でのコミュニケーションにおいても，相手のことを意識して場面に応じた言葉遣いをすることは不可欠だと言える。今回は英語を使ってスピーチを行うことで，自分の考えや思いを英語で伝えることの楽しさと難しさを知り，スピーチの具体的な改善点を的確に把握できるように伝えることで，さらに良い表現方法を探る。

（2）「見通す・振り返る」学習活動

各回のグループ発表後，周りからのフィードバックを読むことで，自分の発表を客観的に振り返る場を設定する。そして，周りからの指摘が自分にとってどのような励ましになり，自分の発表をどう変化させることになったか，ワークシートを用いて振り返らせ，またそれを根拠に，次時での改善やよりよい表現の模索に見通しをもたせる。

（3）実践場面の設定

「好きな歌」「ソーシャルメディア」「修学旅行」という，生徒たちの身近にある3つのテーマで即興スピーチをし，スピーチの内容と発表方法について互いにアドバイスし合う。スピーチを複数回行い，自分のスピーチを改善していく中で，よいスピーチの条件に気付かせる指導をする。

5 授業の実際

授業ではまず，その回のトピックに関しての自分の考えを整理するため，4分間，メモをとる時間を設定した。メモ用のプリントには，ヒントとして使用できる単語やフレーズを記載した。生徒たちは，スピーチの内容と構成を考えていた。

次に，グループの中で順番に1分間程度のスピーチをさせた。その際，英語を得意とする生徒とそうではない生徒が，お互いから学べるよう配慮し，毎回，異なったグループで活動させた。スピーチを聞くときはメモを取りながら聞かせ，内容と発表の仕方（声の大きさ，話す速さ，アイコンタクトなど）の両方に着目するよう指導した。

そして発表後，メモを基に発表者へのメッセージカードを記入させた。その際，どのような書き方をすれば相手が自分の課題を前向きに見つめられるか考えるよう促した。

生徒には毎回，振り返り用紙に自分の課題や，次回に向けての意気込みを記入させた。生徒はグループでのスピーチ活動を通して，発表方法の工夫や聞く姿勢の大切さを学んだようだ。それは生徒の書いた振り返りコメントの中からも読み取ることができる。

次の生徒は，発表する際に心がけるべきことについて書いている。

「発表の仕方に関して考えたことは，発表者がアイコンタクトをしてくれたら，聞き手も気持ちよくなり，内容が入ってきやすくなるということだ。また，それだけでなくジェスチャーを使い，語りかけるように話せば，その分伝えようという意志が伝わり，聞き手が『聞こう』と考え，聞くようになる。」

次の生徒は，普段から ALT の英語の質問に対して日本語のみで答えたり，プリントの英文による質問に日本語で答えたりしていた。今回，自分でその課題に気付けたことは大きな成長だと言える。

「内容は結構いいかんじのを考えられたけど，日本語が入っちゃったのでそれを次回気をつけたいです。…」

次の生徒は，他者の話を聞く態度について気付いたことを書いている。

「グループの中の一人が，発表している人が少しだまった時に質問して，話しやすくしてあげているのを見て，自分も質問に挑戦したいです。」

振り返り用紙には，教師が全員にコメントを書き，次の回に返却した。コメントには，「次回は～したい」などと生徒が自分の課題を書いている場合は，生徒が自分で書いた内容を再度，正しく認識できるよう，生徒の言葉を言い換えるようにした。また，「～ができた」などと成果を書いている生徒には，「暖かい雰囲気でスピーチすることができました。」などと，教師側も喜んでいることを表すようにした。いずれの場合も，生徒がやる気をもって次回に臨めるようなコメントを書くことを心がけた。

Topic 3 では，英語を話すことだけにとどめるのではなく，英文として書かせ，話した内容を再度振り返らせることで，話すことと書くことにつながりをもたせた。しかし，書く際には英語の正しいスペルなどの知識も必要なため，話す力と書く力にはかなり隔たりがあると感じた。英語を書く指導は他の場面で継続する必要があるが，今後はスピーキングテストなど，実際にスピーチさせる機会を多く設けていくことで，話す力のさらなる育成を図っていきたい。

（高野　由布子）

[資料]　資質・能力育成のプロセス（4時間扱い）

次	時	評価規準 ※（　）内はAの状況を実現していると判断する際のキーワードや具体的な姿の例	【　】内は評価方法 及び Cの生徒への手だて
1	1	知　少人数で発表する際の注意点を理解している。（○） 思　日常的な話題について事実や自分の考え，気持ちなどをまとめ，簡単なスピーチをしている。（○） 態　読み手が理解しやすいように，また読み手が読みたくなるように書いている。（○）	【行動の確認】 C：声の大きさ，発表のスピードなどを意識させる。 【行動の確認】 C：必要に応じて，スピーチに含める事柄についてのアドバイスをする。 【行動の確認】 C：内容と発表の仕方，両方について書かせる。
	2	知　少人数で発表する際の注意点を理解している。（○） 思　日常的な話題について事実や自分の考え，気持ちなどをまとめ，簡単なスピーチをしている。（○） 態　読み手が理解しやすいように，また読み手が読みたくなるように書いている。（○）	【行動の確認】 C：声の大きさ，発表のスピードなどを意識させる。 【行動の確認】 C：必要に応じて，スピーチに含める事柄についてのアドバイスをする。 【行動の確認】 C：内容と発表の仕方，両方について書かせる。
	3	知　少人数で発表する際の注意点を理解している。（○） 思　日常的な話題について事実や自分の考え，気持ちなどをまとめ，簡単なスピーチをしている。（○） 態　読み手が理解しやすいように，また読み手が読みたくなるように書いている。（◎） （A：周りからのどんなアドバイスをきっかけに自分の発表が回を追うごとにどう変化していったかが書いてある。） 思　内容的にまとまりのある文章を書いている。（◎） （A：説得力のある内容になっている。）	【行動の確認】 C：声の大きさ，発表のスピードなどを意識させる。 【行動の確認】 C：必要に応じて，スピーチに含める事柄についてのアドバイスをする。 【ワークシートの記述の分析】 C：コメントを日本語あるいは英語で書く。 【ワークシートの記述の分析】 C：文法の誤りについては添削し，内容についてのコメントを書く。
	4	態　「話し手」としての視点だけではなく，「聞き手」としての視点も意識している。（○）	【行動の確認】 C：返却されたワークシートを見ながら，今回の発表を振り返らせる。

○は主に「指導に生かすための評価」，◎は主に「記録するための評価」

主たる学習活動	指導上の留意点 ☆：「深い学び」を生み出す工夫	時
・前回のスピーチの振り返りや今回のスピーチについての説明を聞く。 Topic 1　The Best Song to Listen to 　　　　　When Feeling Happy or Sad ・本日のトピックについて考え，用紙にメモをする。 ・グループに分かれて順番に発表する。聞く側はメモをとりながら聞く。 ・フィードバックを記入し，発表者に手渡す。発表者は次回に向けての意気込みを用紙に記入する。	・「声の大きさ」など，項目ごとに日本語でフリップを用意し，分かりやすくする。 ・原稿を用意せず，話す手助けになる英単語をいくつか書いておく。スピーチで使用できそうな単語やフレーズをプリントに載せておく。 ☆説得力のあるスピーチに必要な事柄を考えさせる。 ・相手が，自分の課題を把握しつつも励まされるようなメッセージを記入するよう促す。 ・生徒のプリントには，コメントを書く。	1
Topic 2　How Social Media Makes 　　　　　my life Better or Worse ・本日のトピックについて自分の意見を考え，用紙にメモをする。 ・グループに分かれて順番に発表する。聞く側は，前回同様，メモをとる。 ・フィードバックを記入し，発表者に手渡す。発表者は次回に向けての意気込みを用紙に記入する。	・発表内容と発表方法の両方に注目させる。 ☆聞き手にとって，最も分かりやすい表現を模索させる。 ・生徒のプリントには，コメントを書く。	2
Topic 3　The Most Memorable 　　　　　Episode on our School Trip ・本日のトピックについて考え，用紙にメモをする。 ・グループに分かれて順番に発表する。聞く側は，前回同様，メモをとる。 ・フィードバックを記入し，発表者に手渡す。 ・この日のスピーチ内容を英文にまとめ，提出する。 ・他者からのフィードバックと各回の自分の意気込みをもとに，自分の発表がどう変化していったかを反省用紙に記入する。	・発表内容と発表方法の両方に注目させる。 ☆周りからのフィードバックを読んで，自らの発表を振り返らせる。 ・生徒の書いたことに対して，コメントを書く。成果に対しては，こちらも喜んでいることを表し，課題については生徒が自分の課題を再度，正しく認識できるようなコメントをすることで，生徒がより深く学習内容を捉えられるように工夫する。	3
・今回のスピーチの全体振り返りを聞き，自分の発表を振り返る。	・生徒の書いた振り返りをまとめたプリントを配り，今回のスピーチを振り返らせる。	4

英語科 実践例

第2部｜各教科の実践

1　研究の概要

　睡眠は，健やかな心身の育成のためや健康の保持・増進のために必要不可欠な生活習慣の一つであるが，日本の中学生の睡眠時間の短さは際立っている。本校の生徒も睡眠不足が原因で体調不良を起こし保健室に来る生徒が多く，「学校と塾の宿題をしていた」「YouTubeを見ていた」「ゲームをしていた」等，睡眠不足の理由は様々であるが，睡眠時間の短さは学年が上がるにつれて割合が高くなっている傾向がある。これには遅い時間までの塾・習い事や，登下校で往復2時間程度かかっている生徒の生活の背景が大きく関わっている。そのため中学生としての生活サイクルを確立しきれていない1年生の段階で自分の生活を客観的に見つめ，自らの生活リズムを改善したり，睡眠時間の確保や質を高めたりする工夫を考える力を身に付けさせたい。

2　実践の様子

　「生活を振り返り，睡眠の問題点を見つけ，よりよい睡眠をとるための方法を考えよう」という課題を提示した。導入では，自分自身の睡眠の状態を理解するために，事前に実施した睡眠質問票の結果を採点し，自己の睡眠の量・質の程度を確認した。結果を見て，睡眠が確保されていなかったことを客観的に捉えられている生徒もいたが，点数のみに注目して自分の睡眠の問題点に気付けていない生徒も見られた。日々の睡眠が7時間未満である生徒は24.3％，寝床に入って寝付くまでに30分以上かかっている生徒が21.5％いた。また，寝床に入ってからスマホを触っていて寝る時間が遅くなり，健康に支障はきたしていないものの良質な睡眠を得られていない生徒もいた。さらに平日と休日の睡眠時間の差が2時間以上の生徒は38.9％おり，平日の睡眠不足を補うために休日の起床時間が2～3時間遅くなることも確認できた。睡眠についてのクイズでは，最初は自分で回答し，その後に班で意見交換を行い，グループとしての回答を発表し合い，全体で良質な睡眠についてのポイントを共有した。ブルーライトが睡眠を妨げることや，就寝時や起床時の部屋の明るさについての知識は習得しているが，「分かっているけどやめられない」という声があり，生徒自身も自己をコントロールし行動を変容させることの難しさを感じていた。最後に自分の睡眠の課題を見つけ，今日から行動していきたいことの目標を立てさせた。「寝る前のスマホはやめる」「7時間以上は睡眠をとる」等挙げていたが，自分ごととして確実に実行させるためには，もっと踏み込んで声かけを行い目標設定していく必要性を感じた。

3　成果と課題

　睡眠の必要性について概ね理解しているが，ゲーム・スマホの誘惑を断ち切り自己をコントロールすることは難しい。今後の取組としては，生徒が保健室に来室したときに生活リズムを丁寧に振り返られるような個別的な関わりを大切にすること，睡眠に支障がある生徒には個人面談等で保護者も一緒に睡眠について考える機会をつくること等を通して，学校と家庭で連携・協力して共通理解できるような働きかけを行っていくべきだと考える。また保健だよりの発行や保健委員会での生徒の活動等，継続的な働きかけを充実させることで，その効果を高めていきたい。

第1学年　学校保健　指導略案

時間	学習の流れ	・指導上の留意点　◇ポイント
導入 10分	生活を振り返り、睡眠の問題点を見つけ、よりよい睡眠をとるための方法を考えよう。 ・睡眠質問票から自分の睡眠の状態を採点し、結果を見て自分の睡眠の傾向を確かめる。（事前に実施）	・睡眠の必要性、今の時期の学習がなぜ必要かをおさえる。 ◇「ピッツバーグ睡眠質問票」で自分の睡眠の傾向を確認させ、睡眠の質、量、リズム、環境面で自分の睡眠で何が課題か着目するように声かけをする。その際、結果の点数にこだわりすぎたり、他人と比べたりしないように促す。
展開 30分	・睡眠についての問題（クイズ）を5問解く。その後にグループ活動で自分の意見を述べ合い、グループとしての答えを出す。 　Q1　平日と休日の睡眠時間の違い 　Q2　夕方の仮眠 　Q3　就寝前のスマホ・ゲーム 　Q4　（試験前）の睡眠時間 　Q5　寝る時、起きる時の部屋の明るさ ・1つの質問ごとに数グループ回答を発表し、その後に睡眠が身体へ及ぼす影響を身体の機能や働きを確認しながら答え合わせをする。 ・上記のクイズ以外で良質な睡眠をとるために気を付けていきたいことを確認する。 　環境（温度）、飲食（カフェイン）、 　心の安定、（不安・悩み）、病気等	・問いごとに全員の回答を確かめて、理由もつけてグループでの回答をまとめるように意識させる。（4人グループ） ◇日頃の自分の生活を通して振り返ったり、仲間の生活習慣について話を聞いたりする中で、今後の生活でよりよい睡眠をとるために改善すべき点や仲間の見習いたいと思う習慣にも注目して意見を考えていくように促す。 ・十分な睡眠が、疲労回復だけでなく、身体や心の成長、脳（記憶の定着）の活性化へつながることを意識させる。 ・睡眠に影響を及ぼす要因は様々であることを意識させる。 ◇答え合わせは、○×だけにこだわらないように声かけを行い、学年での睡眠質問票での結果を含めながら確認し、自分ごとの問題として捉えられるように配慮する。
まとめ 10分	・自分の生活を振り返り、どのように生活リズムを整えていきたいかをワークシートに記述するとともに、睡眠について行動につなげていける目標を設定する。	・睡眠質問票を基に、自分自身の生活を客観的に振り返り、今日から出来る具体的な目標をたてるように声かけする。 ・睡眠が、自分の健康増進のために身に付けるべき大切な生活習慣であることを実感させる。

●参考文献

土井百利子, 箕輪眞澄, 大川匡子, 内山真, ピッツバーグ睡眠質問票日本語の作成. 精神科治療学　1998；13（6）；755_769

おわりに

　本校はその設置目的に基づき，中学校教育における教育実践研究を日々行っています。このために，横浜国立大学教育学部，文部科学省，神奈川県教育委員会，各市町村教育委員会や県内外の国公立学校等と連携して共同実践研究に取り組んでいます。

　さらにその教育実践の成果を毎年2月の研究発表会で発表するとともに，各研究会での発表や全国からの研修視察の受け入れ，各種研修会への講師派遣，書籍発行等を行うことでもその研究成果を発信しています。

　今年度の研究テーマ「『深い学び』へと導く授業のあり方」は，生徒自身の資質・能力が各教科等の学びの中で育まれるものでありながらも，複合的なものであると捉え，教科等横断的な視点で育成を図っていくことを根幹としています。そして，「深い学び」を，多様な「見方・考え方」を組み合わせたり関連付けたりして働かせていくことで，自在に駆使して自分なりの納得解・最適解を導き出せるような学びのあり方であると捉えています。このような基本的な考え方のもと，授業という「場の教育力」を生かし，教員が意図的に「間接的指導」を行うことで，生徒の「自問」から「思考」が始まり，「心理的没頭状態」が生まれて「認識」が深まる，というプロセスを構築する授業研究を実践してまいりました。

　国立大学附属学校という教育研究の文化がある現場において，日々私どもがこの研究を推進するにあたっては，教科内だけでなく全体の研究会等における議論を深めながら，新たな創意工夫を繰り返し，理論構築と実践に努めています。これからも，生徒自身が社会に生きて働く資質・能力の育成を目指すとともに，様々な教育活動を生かして，相手を思いやり他者の考えを理解する，人として大切な心を培う総合的人間教育を重んじ，不断の努力を行っていくことが本校の使命だと認識しています。

　最後になりますが，本研究にご指導いただいた，慶應義塾大学の鹿毛雅治先生をはじめ，文部科学省及び国立教育政策研究所の先生方，神奈川県及び各市町村教育委員会の指導主事の先生方，横浜国立大学教育学部等の先生方に深く感謝しますとともに，本書を手にして頂いた皆様に，本校の取組に対してご指導・ご鞭撻をいただければ幸いです。

平成31年2月

横浜国立大学教育学部
附属横浜中学校
副校長　北川公一

<執筆者一覧>

横浜国立大学教育学部附属横浜中学校
　　中嶋　俊夫（校長）
　　北川　公一（副校長）
　　土谷　　満（主幹教諭　ICT担当）
　　池田　　純（教諭　数学科　研究主任）
　　土持　知也（教諭　国語科）
　　橋本　香菜（教諭　国語科）
　　福井　雅洋（教諭　国語科）
　　山本　将弘（教諭　社会科）
　　田川　雄三（教諭　社会科）
　　関野　　真（教諭　数学科）
　　吉田　大助（教諭　数学科）
　　中畑　伸浩（教諭　理科）
　　神谷　紘祥（教諭　理科）
　　佐塚　繭子（教諭　音楽科）
　　元山　愛梨（教諭　美術科）
　　中山　淳一朗（教諭　保健体育科）
　　和田　真紀（教諭　保健体育科）
　　佐々木　恵太（教諭　技術・家庭科　技術分野）
　　池岡　有紀（教諭　技術・家庭科　家庭分野）
　　武田　美樹（教諭　英語科）
　　小野澤　士龍（教諭　英語科）
　　高野　由布子（教諭　英語科）
　　田口　さやか（養護教諭）

新しい時代に必要となる資質・能力の育成Ⅳ
「深い学び」へと導く授業事例集

2019年3月20日　初版発行

編著者	横浜国立大学教育学部附属横浜中学校
発行人	安部英行
発行所	学事出版株式会社
	〒101-0021　東京都千代田区外神田2-2-3
	電話　03-3255-5471
	HPアドレス　http://www.gakuji.co.jp
編集担当	花岡萬之
装　丁	岡崎健二
印刷・製本	精文堂印刷株式会社

落丁・乱丁本はお取り替えします。　　　　　　　　　Printed in Japan
ISBN978-4-7619-2539-0　C3037